JN056936

＼ 我が家の価値向上 ／

住まいの
マネージメント

～人生100年時代の住まい～
安全・安心・快適・長寿命住宅

鈴森　素子【著】
NPO法人住宅長期保証支援センター【編・監修】

出版にあたって

　NPO法人住宅長期保証支援センターは、阪神淡路大震災で倒壊した多くの住宅の耐震性能の不足や、不具合修理を先送り等していたための維持管理不足を目の当たりにして、住まいの維持管理を日常の清掃から点検、補修、リフォーム、リノベーションのすべてを包括した「住まいのマネージメント（維持管理)」をテーマに活動しています。

　発足して20年間の社会の変化に伴い住まいの市場、政策は大きく変わり地球環境時代といわれていますが、未だ日本の住宅市場は新築住宅が中心で既存住宅は主流とならず、人生100年時代の住まいに必要なマネージメント（維持管理）は緒についたばかりです。

　住まいは住む人の人生・暮らしの基本であり、生活者として住まいのマネージメント（維持管理）することで安全で快適に住み、住み応えが生まれ、愛着も深まります。

　又いつの日か住み継がれる方に喜ばれたり、手放すとき「価値が評価され」掛けた手間と費用の効果を享受することができます。

　地球温暖化の影響で災害が増加、大型化しています。台風や地震の災害で被害が小さいのは、マネージメント（維持管理）がしっかりされている住宅で、個人の財産であるとともに、そのまちの財産です。

　日本各地で観光地になっている伝統的建築物の街並みや家々や、明治以降の近代建築で「登録有形文化財」登録住宅など、すべて長

い間のマネージメント（維持管理）の賜物です。

　この本の一つでも　暮らしに活かしていただけることを祈念申し
上げます。

NPO 法人住宅長期保証支援センター

はじめに
── 住まいのマネージメント（維持管理）スタートは点検から

　住宅は、自然、社会環境のなかで一年 365 日数十年間も家族を守っています。

　日常的な掃除から始まるマネージメント（維持管理）は、所有者には時には面倒なこともありますが、どのようにされていますか？

奈良県明日香村

　生家は記憶に残る頃には既に築 100 年を越えた木造家屋で、日常の掃除は勿論、毎年恒例の梅雨、台風の前後は手を入れないと安全と快適を保つことが出来なく、住まいの手入れは日常生活そのもので、特段負担に感じず、生家を出た後の住まい、その後の仕事もそのおかげと改めて感謝です。

兵庫県芦屋市

　日本の住宅は、阪神淡路大震災以降、少子高齢社会が一段と進み住宅市場は「ストック：既存住宅市場」に移行しつつあり、今や空き家は全国的な大きな問題ですが、空き家がリフォーム

兵庫県福崎町

やリノベーションですぐに活用できる家を国も推進しています。

2020年は全世代すべてがこれまでに経験したことの無い「新型コロナウィルス感染症禍」で外出制限、自粛が続き、働き方、仕事の仕方、学び方が変化しました。

令和に入り少し変化が見られた住まい方が、コロナ禍で一気に加速しています。コロナが終息してもコロナ以前にすっかり戻ることは無く、コロナ禍を通じて体験した生活の基本の住まいと家族の大事さを再認識した住まいになります。

四季がはっきりし自然豊かな日本ですが、地震、台風、梅雨等の災害も多く、災害から命を守る「住まい」はマネージメント（維持管理）が欠かせません。

屋根の葺き替えなどの大きな工事は地域社会総出で行われ、地域の結びつきも強いものでした。日本各地に伝統的建築群の街並みが復活し、訪ねる人も増

大阪府富田林市

兵庫県西宮市

滋賀県近江八幡市

加し、日本のすばらしい住宅を
各地で見ることが出来、多くの
方々が住まいに誇りと愛着を
もって住んでいます。

　特に各地の伝統的建築群の街
並みを訪れる度に「マネージメ
ント（維持管理)」がしっかり
されていて、屋根・外壁がデザ
インやカラーに統一感のある街
並みにその地域の住文化の深み
となつかしさを感じます。

岡山県倉敷市

　工業製品であふれている暮ら
しは、経年変化で汚れ、いつの
日か朽ちていきますが、日本の良質な木造住宅はマネージメント（維
持管理）することで資源を有効に活用し、愛着と住み応えを感じる
住まいです。本書は住み継がれる住宅にお役立て頂けるよう「住ま
いのマネージメント（維持管理)」の本です。

目　次

出版にあたって　3

はじめに
　住まいのマネージメント（維持管理）スタートは点検から　5

第1章　住まいのマネージメント（維持管理）の基本
　1　住まいのマネージメント（維持管理）の基本　12
　2　住まいのマネージメント（維持管理）4つのポイント　13
　3　具体的な戸建住宅のマネージメント（維持管理）　13
　　①雨漏り・結露水　13
　　②木材の腐朽　14
　　③シロアリ　15
　　④経年劣化＆故障による不具合　16
　　⑤地盤の不同沈下による建物の傾き　19

第2章　住まいのマネージメント（維持管理）
　　　　　点検・インスペクション
　1　住まいのマネージメントの準備　22
　2　点検で安全・安心　目的別点検　24
　3　専門家による点検　28
　4　インスペクションガイドライン　33
　5　点検の記録と報告　35

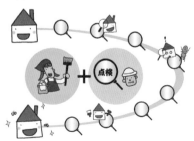

第3章　住まいのマネージメントの伴走者
頼りになる「住まいのかかりつけ医：工務店」
住まいのマネージメント実例

1　頼りになる「住まいのかかりつけ医：工務店」と繋がろう　38

2　住まいのマネージメント（維持管理）は設計段階から考えましょう　41
イニシャルコスト、ランニングコスト、廃棄コスト

3　具体的な住まいのマネージメント（維持管理）　43
頼りになる「住まいのかかりつけ医：工務店」からの具体的な情報　49

第4章　暮らしが愉しい仮想リフォームで住まいを楽しみましょう

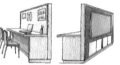

1　古民家リノベーション　78

2　昭和の住まいを令和の住まいにチェンジ　80
A　祖父母の住宅を孫夫婦が住み継ぎ　80
B　空き家をシェアハウスに　81
C　老後への住み替え、一階と二階の活用を考えて　82
D　終の棲家　83

第5章　我が家の住まいのマネージメント（リフォーム等）実例紹介

a：　新築工事の積み残し工事　86
b：　実際に暮らしてのリフォーム工事で不満不便解消　86
c：　高齢期を迎えてのバリアフリー工事　88
d：　新築時の建材や施工に不具合　88
e：　打合せ不足　業者任せ　89
f：　設備機器の不良　89

g： 経年劣化による住まいのマネージメント(維持管理)工事　90

h： その他　90

我が家のいえかるて　92

住まいのマネージメント　家族全員参加　94

第6章　暮らし・住まいと国の動き

1　「住生活基本法」　98

2　「住宅の品質確保の促進等に関する法律（品確法）」　99

3　「長期優良住宅認定制度」　100

4　「安心 R 住宅制度」　101

5　住宅履歴情報「いえかるて」　103

維持管理サポート具体事例　108

第7章　住まいに関わるイベント

1　地鎮祭　114

2　棟上げ（上棟）式　115

第8章　資料編

1　用語集　120

2　住宅に関わる法令等施行日と関連項目　123

3　我が家の住まいの問合せ先一覧表　125

第**1**章

住まいの
マネージメント（維持管理）
の基本

住まいのマネージメント

住まいのマネージメント
計画＋費用の準備＋実行

1 住まいのマネージメント（維持管理）の基本

あなたの住まいは、家族と同様不具合を気にかけ、清掃や点検、補修、リフォーム等を計画的にされていますか？

住まいは日常の清掃と建材、設備機器の経年変化、住む人の暮らし方の変化に伴って様々な住まいのマネージメントが必要です。

住まいのマネージメントは、お手入れ、維持管理と言われ主に「不具合、劣化、腐朽」に重点を置いていましたが、新型コロナウィルス禍以後は、「環境、換気、健康や住まい方、職住一体化」等の項目がプラスされています。

2　住まいのマネージメント（維持管理）４つのポイント

①計画的な実行
②点検・調査＆マネージメント計画の作成：点検と今後の計画
③補修、取替、リフォーム（リノベーション）等適切な時期に適切な工事の実施
④その時になって慌てない為の「住まいのマネージメント費」の準備

3　具体的な戸建住宅のマネージメント（維持管理）

　戸建住宅にとって住まいのマネージメントの代表的なものは①～⑤で、なかでも安全に関する①②③④は重要です。

①雨漏り・結露水
②木材の腐朽
③シロアリ
④経年劣化＆故障による不具合
⑤地盤の不同沈下による建物の傾き

①雨漏り・結露水

　住宅・建物の大敵は「湿気・水分」です。日本は、四季が豊かですが、梅雨以外にも山茶花梅雨、菜種梅雨、筍梅雨、ススキ梅雨と俳句の季語にもなる雨の多い時期が一年を通してあります。その上夏から秋にかけて台風が到来し雨の被害は一年中発生する可能性が

高く、主な被害箇所は屋根と外壁、窓廻りです。

　特に窓枠と壁の間や外壁のヒビから建物の躯体内（構造）に水分が入ると、内部の木材に腐朽菌が発生して構造材等の木材に腐りやカビが発生します。

　室内の温度差によって発生する結露水も壁や板の腐朽の原因になります。少しの雨漏れや結露水も早期手当が大事で、放置しておくと被害が拡大します。

雨漏り痕

②木材の腐朽

奈良　唐招提寺

　木材は腐朽菌で、金属は錆で腐り其々が持つ強度と耐久性が落ち、時には全く耐力を発揮せず、建物の倒壊に至ることにもなります。

　屋根や床が落ちている原因の大半が構造材の腐朽で、原因は水分です。

　一方、木は古くても乾燥していると腐りません。奈良時代建立の法隆寺、東大寺、唐招提寺等多くのお寺の構造材は乾燥し、今日までメンテナンスして創建当時の姿で 1,000 年以上現役です。

③シロアリ

　「シロアリは怖い」と聞きますが、シロアリのこと、シロアリ被害をしっかり知って、シロアリ被害に遭わない備えをして、安心、安全な住まいにしましょう。

　シロアリの基本を知りましょう！

　日本には多くのシロアリが生息、住宅に被害を及ぼすのは「ヤマトシロアリ、イエシロアリ」です。近年建材や輸入家具などについて海外から入ってきた「アメリカカンザイシロアリ」も駆除対象です。

　「ヤマトシロアリ、イエシロアリ」は、水分が多く湿度が高く、暗くて風の流れが無いところを好んで生息しています。床下、玄関框、据え置き靴箱裏下、空き家、空き部屋などです。

　水分、湿気を受けた木材は、腐朽菌による腐りだけでなく、北海道の一部を除きどこにも生息する「ヤマトシロアリ」、温暖化が進む地域ではより被害が大きい「イエシロアリ」の被害を受けます。

　家の周りに古材や伐採樹木を放置しないことはシロアリ予防の基本です。

シロアリ生息図

シロアリの建物への侵入経路と木部の食害

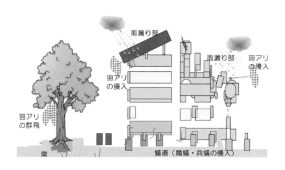

絵図出典：(一社) 住宅長期支援センター　住宅メンテナンス診断士講習会テキスト

「アメリカカンザイシロアリ」は、温暖な地域の海岸地帯に生息し、駆除が難しく、この地帯にある住宅は、日常の点検と数年に一度専門家の調査で確認しましょう。

シロアリ分布図

日本産主要シロアリ4種の分布状況　　文虫研資料

絵図出典：（一社）住宅長期支援センター
住宅メンテナンス診断士講習会テキスト

④経年劣化＆故障による不具合

　建物本体の安全性に直ぐに関係しない汚れであっても「美観・見た目」だけでなく、外壁などは防水性能などが低下し、長い期間では、建物に影響します。又、設備機器等の故障は「暮らし」に大きく関係します。早めのお手入れがお勧めです。

我が家の安全度セルフチェックシート
住宅メンテナンス診断 〈床下編〉
お答えの「はい」は、要注意です。

No	チェック項目	はい	いいえ	不明
1	風呂やトイレは、タイル張りである			
2	長い間、整理していない押入れや物置がある			
3	長い間、閉めっぱなしの部屋がある			
4	長い間、敷きっぱなしの絨毯　動かさない家具(下駄箱)がある			
5	和室の畳をあげての掃除は、10年以上していない			
6	ドアや引き戸が開けにくいなど、建具の建て付けが悪いところがある			
7	歩くと床がフワフワしている箇所がある			
8	晴天時に室内を暗くすると、壁の目地などから光が入ってくる			
9	天井や壁に水シミのようなものがある			
10	柱などに小さな孔があり、土が詰まっているように見える			
11	柱と壁などの部材の隙間が、土が詰まっているように見える			
12	5月頃の晴れた日に、黒い羽根蟻を家の内外でみたことがある			
		はい	いいえ	不明
13	換気口、床下点検口が無く、床下が完全に閉鎖されている。			
14	床下に廃材や、廃棄物等が詰め込まれている。			
15	床下の土が湿っている			
16	雨が降っている時、床下に雨水が入るところがある			
17	床下からカビ臭い匂いが上がってくる			
18	1階床下の高さが非常に低い。			
		はい	いいえ	不明
19	屋根瓦のズレ、割れ、土が見える			
20	雨どいが外れたり、枯葉等が溜まっている。雨どいから水があふれる。			
21	外壁にひび割、塗装材等の剥がれがある。雨が直接かかる箇所がある。			
22	シーリング材が割れたり、剥がれている。			
23	建物の外に出ている柱や桁などに、雨が直接かかる。			
24	バルコニーを下から見ると、水シミがある。			
25	バルコニーの排水溝が詰まり、大雨の時、プール状態になる。			
26	給湯機周辺に蟻道のようなものがある			
27	庇や塀の笠木の下、濡れ縁下などに蜂の巣が無いか?			
		はい	いいえ	不明
28	床下換気口の周辺や犬走りに、野菜や花の植木鉢がある。			
29	土間や縁先に水をまくことが多い。			
31	建物の近くの樹木の手入れが行き届かず枝や葉が茂ったり、切り株がある。			
32	家のそばに不用の木材や木の柵などがある。			
33	塀の木部に虫害や腐っている箇所がある。			

出典：(一社)住宅長期支援センター

「はい」が多い住宅は、工務店や建築士にご相談下さい。
当NPO法人住宅長期保証支援センターは、電話相談を承っています。

　昔の隙間いっぱいの住宅は「自然に換気」が行われていましたが、気密性の高い現代住宅では「換気は意識して実行する暮らし方の必須項目」になりました。

　これまでも冬期の石油、ガス暖房機器やシックハウス関連で注意喚起が行われ「省エネ・断熱・気密」で、快適性と住む人の健康、経済性に貢献してきましたが、コロナ禍以降は一年を通して「室内環境の換気」に気を配るようになりました。

　換気は窓やドアなどによる自然換気、台所浴室などの機械による強制換気、24時間計画機械換気、室内の温度を保つ「熱交換型換気」等いろいろあります。

　換気対策の基本は、部屋には二方向開口部を設けたり、ガラリ窓、地窓、サーキュレータ、扇風機等で風の流れを作りましょう。

　調理や浴室等室内で発生した湿気は出来るだけ早く機械を使い湿度を排出します。

　天井近くのガラリ窓は暑い空気を外に出し、地窓（部屋の低い位置に設ける開口部）は冷たい空気を室内に取り込む等夏効果的です。

　換気計画、換気設計、換気機器の選択は、専門家にご相談下さい。

サーキュレータ

地窓例

⑤地盤の不同沈下による建物の傾き

　土石流や山崩れの被害、地震による不同沈下は本当に怖いものです。

　新築時にしっかり地盤調査を行い、地盤改良をしておけばその後殆ど心配はありませんが、長い間には盛土や地下水、法面（のりめん）、近くの大きな土木工事、土石流などいろいろな原因で不同沈下が発生することがあります。

　大きな擁壁（法面）はコンクリート、ブロックの劣化等の影響が出て来る50年以降は専門家による調査をしましょう。

地盤沈下による犬走りのヒビ

第2章

住まいの
マネージメント(維持管理)
点検・インスペクション

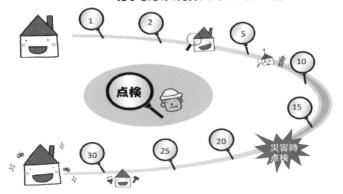

長期優良住宅マネージメント
専門家点検スケジュール

点検

災害時
点検

1　住まいのマネージメントの準備

　「住まいのマネージメント」のなかで建物に重大な影響が出る①雨漏り・結露水等による水分の被害、②木材や鉄部の腐朽、③シロアリ被害、④経年劣化＆故障による不具合を中心に日常のお掃除や点検、簡単な補修等にお役に立つ道具や点検の種類、ヒント等をご紹介します。

住まいのマネージメントの道具

　スタートのお掃除とその時する点検からお話をすすめます。

　用意するものはドライバー、不織布、タオル、布、軍手、古歯ブラシ、竹串など身近にあるものばかりです。新築やリフォーム工事の余った塗料や建材は、後日重宝します。

　どこまでDIY（自分）でするかで用意するものは違ってきます。信頼する「かかりつけ医工務店」に相談し、少しずつそろえましょう。

　トラブル発生の時慌てないためにも「我が家の信頼するかかりつけ（主要）業者一覧表」は便利です。災害時に備えて緊急連絡先リストに入れておきましょう！

あると便利な点検道具

ドライバーは点検に大活躍

掃除道具　洗剤の色々

レモン汁絞り後は
掃除に活躍

身近にある不要カードは
「簡易ヒビスケール」として便利

2　点検で安全・安心　目的別点検

点検（診断）

　建物の建材は基本耐久性が高いものが多いですが、湿度やお手入れの仕方などで劣化していきます。早期発見、早期手当は建物にも費用（お財布）にも優しいです。

　建物は声を上げることが出来ないので、住まい手が清掃や点検で変化をいち早く見つけることが重要です。

　当 NPO センターの維持管理アンケート調査結果では「しっかりお手入れしている住宅」が約 20％、「悪くなったら直す、暮らし方が変わったらリフォームしたり建て替えたりする」が 80％です。

　また「住まいは余分なお金がかかる」意識が強く、修理が結果として先送りになり、不具合が進み、結果として費用が嵩むことになります。

　住まいに関わることが義務になると嫌になります。

　暮しを愉しんで関わるためには負担に感じないチョコチョコとの関わり方からスタートし、住まいのマネージメントを計画的に進め、暮らしを楽しみましょう。

おうちの健康診断

一戸に一度は
点検を！

5年毎に専門家へ点検を頼みましょう

住宅点検の種類

　住宅点検は、いち早く不具合の前兆や不具合を見つけられる重要な行動です。

　点検には所有者や住まい手がするセルフ（DIY）点検と専門家による点検（調査）があります。

　セルフ点検は特にきまりはありませんが、日常の清掃時点検と梅雨明け、年末等年1,2回見る定期点検が代表的です。我が家の計画をたてましょう。

　初めての時はどこを見みるのか、これで良いのか悪いのかと戸惑われることもありますが、次ページの「DIYチェックシート」を参考に点検して下さい。1,2回すると、見るところを覚え、前回の経験が役立ちます。

　又、専門家に依頼した時はまたとない個人レッスンの機会です。作業の妨げにならないよう気を付けて見学し、質問をしましょう。

点検の種類	担当者	
セルフ　日常点検	所有者	日常の清掃の時等
定期点検	〃	年1,2回
専門家　定期点検	業者	年1回〜数年に一回
災害時臨時点検	業者	災害（地震、台風等）時
調査診断	業者	大型リフォームや売却時

自分で DIY 点検しましょう！　　　　　　　邸　点検チェックリスト

点検	項目	点検内容	DIY 点検日				
			年 月	年 月	年 月	年 月	年 月
外部	屋根	瓦のズレ、割れ、脱落等が無いか					
	雨樋	樋の外れ、詰まり、極端な傾きが無いか					
	軒裏	塗装の剥がれが無いか					
	外壁	塗装の剥がれ、外壁のヒビ、シールの浮き等が無いか					
	建具枠廻り	枠と外壁の間に隙間やヒビ、雨漏り痕は無いか					
	バルコニー	防水が切れていないか　排水口に詰まりは無いか					
	基礎	基礎コンクリートにヒビ、割れは無いか					
	排水枡	土や雑草で詰まっていないか					
床下	土台、床組み	シロアリ・羽アリの発生、被害や木材の腐杇は無いか					
小屋裏	小屋裏	雨漏り痕は無いか　特にシロアリ被害を注意					
内装	天井、壁	雨漏り痕やシロアリ被害は無いか					
	床	歩いてフワフワしないか　傾きは無いか					
建具	玄関、勝手口	建具の開閉は滑らかか　鍵にぐらつきは無いか					
	シャッター	シャッターの開閉は滑らかか					
	雨戸	戸袋に小動物はいないか					
	網戸	網戸に破れはないか					
	室内建具：1階	建具の開閉は滑らかか　鍵にぐらつきは無いか					
	：2階	建具の開閉は滑らかか　鍵にぐらつきは無いか					
	その他						
設備	給水管	漏水、赤水、青水がなく水量は適切か					
	排水管	設備や会所に水漏れが無いか					
	水栓器具	水漏れ、ウォーターハンマーが無いか					
	キッチン廻り	設備機器に不具合が無いか					
	ガス管	ガス漏れが無いか					
	洗面所廻り	水漏れ、排水口の詰まりが無いか　浴室の出入口に腐りは無いか					
	浴室廻り	排水口の詰まり、水の滞留が無いか　カビの発生は無いか					
		タイルにヒビや割れは無いか					
	トイレ廻り	排水にトラブルが無いか　床に腐りは無いか					
	給湯機器	水漏れがなく、湯沸しの性能が落ちていないか					
	換気設備	掃除がされて、換気がしっかり出来ているか					
	空調機器	フィルターの清掃がされているか					
	電気設備	漏電が無い　コンセントに埃がないか					
その他							
メモ	※前回の点検後から今回までの間に気が付かれたことやリフォーム、DIY、台風や地震等天災の記録を自由にご記載下さい。						
	年　　月	年　　月	年　　月	年　　月	年　　月		

参考情報　ヒビ（クラック）の見極め

　点検で一番わかるのが外壁などの「ヒビ（クラック）」で、このまま暫く放置しても大丈夫なのか？と迷うのもヒビです。

　ヒビの原因はコンクリートや建材の乾燥による収縮が主なものですが、コーキングの劣化や、時には地盤沈下・陥没によるものなど様々で、その補修方法も異なります。

　ヒビは、程度によって経過観察レベルから即補修が必要なものまであり、その基準を知っていると安心です。

　先ずは手元にあるもので測り、幅が 0.3 mm 以上あれば、専門家に相談しましょう。専門家は、クラックの幅と深さで判断します。

　0.3 mm 未満のヒビは軽傷ですが、時間の経過とともにヒビの幅が広がったり、長くなり（「ヒビが成長」すると表現）ますので写真で記録し、経過観察しましょう。

名　称	幅寸法	根　拠
ヘアクラック	0.1 mm 未満	問題無
クラック	0.3 mm 未満	住宅の品質確保促進法（品確法）
クラック	0.6 mm 未満	住宅の性能表示基準
クラック	0.6 mm 以上	早急な補修をしましょう。

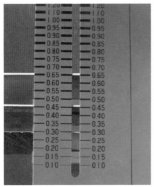

専門家のクラックスケール

3 専門家による点検

　住宅は屋根工事、外壁工事、躯体（建物の構造）等多くの専門に分かれ、点検も建物総合点検、屋根・外壁等専門工事別点検、シロアリ点検、設備機器点検等に分かれます。

　基本は躯体（建物の構造）の専門家（工務店や構造系の建築士）による建物全体の総合点検です。総合点検の結果をみて専門工事別点検に進む場合もあります。
　点検の種類は下記のように大きく分けると６タイプです。

a：工事後のフォロー点検

　新築工事や大型リフォーム工事後、半年～２年位の間に工事した部位を工事責任者が点検します。請負工事契約と繋がる重要な点検です。
　工事の手直しや、不具合や小さな工事漏れなどをチェックする非常に大事な点検で、その後の建物の安全や劣化、暮らし方に関係します。

　住宅相談で給排水管の小さな不具合で床下や洗面台の水漏れが発見されることもありました。
　点検の時に、専門家から今後の建物のマネージメント情報を聞くことも大事です。また、この機会に小さな不具合や気になっていることは、きっちり解決しておきましょう！

b：経年変化、劣化点検（定期点検）

　5 ～ 10 年に一回の点検は、人間に例えると健康診断、簡易人間ドックです。建物の劣化は建った瞬間から始まりますが、築 5 ～ 10 年後位からは人の目にもわかる変化や劣化が出て来ます。専門家に定期的に点検を受けると安心で、費用も助かります。

　本来点検と補修工事やリフォーム工事は別々の契約が基本で、点検前に補修や駆除などがセットになった契約は要注意です。

　点検後報告書に不具合の状況や補修方法が記載され、概算費用がかかれた「○○邸住まいのマネージメント計画書」を受け取ると数年先までの計画的なマネージメント計画が見える化出来、準備する費用の概算も掴めます。

c：部位別専門点検

①耐震診断

　耐震診断は、耐震診断の研修を受けた建築士が行い、1986 年 5 月（市町村によっては 2001 年 5 月）以前の住宅は点検費用が市町村の補助対象で、リーズナブルな費用で耐震診断を受ける事が出来ます。詳しくはお住いの市町村にお尋ねください。

　国交省は「誰にでも出来る耐震診断チェックパンフレット」を使って簡易我が家の耐震診断をお勧めしています。

　日本建築防災協会のホームページからダウンロードでき、耐震に関係する相談窓口一覧や助成制度など耐震、防災についていろいろな情報が

あります。

http://www.kenchiku-bosai.or.jp

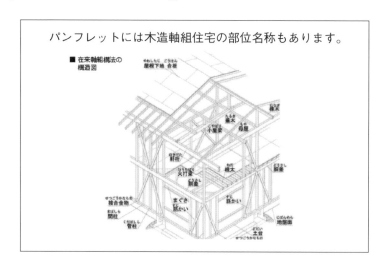

パンフレットには木造軸組住宅の部位名称もあります。

②屋根診断、外壁診断、シロアリ診断等

　これらの診断は、比較的外から見ても劣化状況が分かりますが、専門家は見えないところも判断します。台風や地震の後などに飛び込み営業の点検で被害に遭う方も住宅相談でお聞きします。かかりつけ医：工務店や知り合いの建築士に依頼しましょう。

d：省エネ住宅診断

　今後登場するのが「省エネ住宅診断」です。

　2021年4月から「住宅の建築・購入時に建築士による省エネ性能の説明が義務化」されました。特に既存住宅は、建築時の図面が無く、1970年代に出来た省エネ性能基準は、こ

の 40 年間に大きく改訂されていますし、古い住宅では省エネ性能は不明なものが多いので、診断で省エネ性能の有無やそのレベルがわかるのは嬉しいです。

e：大型リフォームや売却前の点検（インスペクション）

　15 年前後から給湯機器等の設備機器の更新が始まり、シロアリや外壁塗装などの更新時期に入ります。点検して住まいのマネージメントを計画しましょう。

f：災害時点検

　近年地震、台風、水害等の災害は大型化、多発化しています。

　被害が出た場合は、放置しないで応急手当、補修などを早い段階で行いましょう。又、被害が無くても専門家の点検を受けましょう。

　災害に備えて保険をかける住宅も多く、災害に備える重要な事柄です。

　しかし、気を付けたいのが「補修費は保険が使える」です。

　気をつけたいのが災害に遭って困っている時にいきなり言われ契約、工事後に保険対象外が判明してトラブルになることです。

　契約前に損害保険契約書の確認や加入の損害保険会社や代理店に問合せ、相談、確認下さい。

点検口

　点検に欠かせないものが入り口：点検口です。

　近年小型ムービカメラ、360 度撮影カメラ、ロボット検査機等が登場していますが、点検する部位等で発展途上と言え、完璧とはいきません。まだまだ　床下の基礎やシロアリ点検、土台の点検などは、

31

床下に入らないと正確な点検・調査が出来ません。

　特に床下は、狭くて暗くてジメジメしているところで、潜っての調査は大変な重労働です。又、屋根は高所で危険です。一日も早くロボットの性能が良くなり、床下や屋根診断にITが活用されると嬉しいです。

　床下や天井裏の点検に必要な点検口、特に床下に入る点検口がありますか？

　特別に無くても、床下収納庫を取り出して点検口に、和室畳下の板を外して床下に入ることも可能ですが、戸建住宅には専用の点検口があるのが基本です。無い場合は、点検口を業者に依頼して作っておきましょう。

　床下が基礎コンクリートで移動できない場所があるときは複数の点検口が必要です。

　基礎の図面や写真があると参考になります。

4　インスペクションガイドライン

　点検を「インスペクション」とも言い、国交省は 2013 年に専門家が行う点検調査を「インスペクション」の名称でガイドラインを図のように発表しました。

　一番簡便なものは「第一次インスペクション」、手軽な道具で、基本「目視」で行い、床下は覗くだけです。定期検査的なものです。車で言うと 6 ケ月点検、1 年点検レベルです。

　「第二次インスペクション」は、耐震診断などで、計測機器なども一部用い、専門家によるしっかりした点検です。車で言うと、車検と言うレベルでしょうか。

　その上は、「性能向上インスペクション」と言い、大規模リフォーム工事などの前に行うもので、床下もしっかり潜って調査します。車で言えばオーバーホールです。

　インスペクションの結果をどのように活用するかによってインスペクションの三段階の中から選びます。

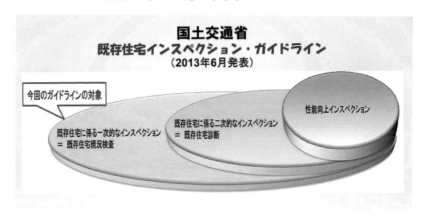

　写真は家の床下を外から覗いている時と、床下に潜って行って調査している写真です。

写真でお分かりのように当然、見える範囲が全然違います。10年、20年の節目は専門家に依頼して、床下に潜って診て頂きましょう。

　床下の調査は主に、シロアリ、構造の不具合、地盤の不具合等です。床下は狭い、暗い、時に汚い、きつい仕事ですが、とても大変で重要な調査です。

　最近では床下ロボットによる調査も登場していますが、地盤面が凸凹している、基礎コンクリートや配管などの障害物などで、どの住宅でも出来るものではなく、今はまだまだ実用化に向けたテスト段階で、しっかり調査はやはり人間が一番です。

床下を覗いて調査

床下に潜って調査

既存（中古）住宅もインスペクションで安心

　既存住宅は昭和の新築住宅時代に中古住宅と呼ばれ、汚い、性能が悪いと不信感の塊でしたが、平成に入り住宅の性能が上がり、令和に入った2019年に人生100年時代にふさわしく既存住宅を安心して売買、住むための「安心R住宅制度」が施行されました。

　「中古住宅は、古い→汚い→住みたくない」の負のイメージ連鎖を解消し、国は今日「既存住宅」とし、この本も既存住宅と表現しています。

　この既存住宅を安心して住むための仕組み、行動が点検とインスペクションと記録です。

5　点検の記録と報告

　日本の法律で契約は「口頭で契約が成立」しますが、社会の変化や消費者保護、後日のトラブル防止のために多くの契約が書面に変わって来ました。

　住宅の点検も同じです。電気・ガス設備の点検報告も書面で受け取る今日、建物の点検結果も「問題ありません」と口頭説明だけでなく「書面」で受け取りましょう。

　書面は、結果が残るので、一番が後日のトラブル防止です。

　「住まい・建物の点検・調査」の報告は、下記の記載がポイントです。
①良いところと不具合（悪いところ）の指摘
②不具合箇所の原因とその補修方法と時期（至急か半年後でもＯＫか等）

　良いところをお聞きするとほっとするだけでなく、自分の手入れの仕方や住まい方が良かったと確認できます。

　指摘された不具合は、早期発見早期手当、時間を置かないで補修しましょう。

　不具合の原因は特定できないこともあります。又、いくつかの原因で起こることもあり、想定をお聞きできれば、今後暮らし方や手入れで気を付けることが出来ます。
③書面報告書（調査日、時間帯、調査員の氏名）です。

　書面の報告は専門家が「責任を持つ」証、信頼のポイントです。

　報告書の見方もお聞きしましょう。

　報告書は必ず保管し、後々参考にしましょう。

　報告書は不具合の原因とその補修方法など簡単な A4 用紙一枚ものから冊子まで費用によって異なります。

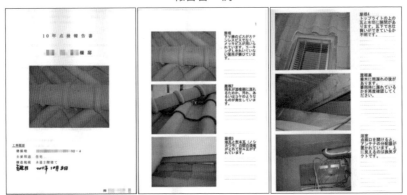

住まいひょうか君® 　（一社）住まい評価推進機構

　住宅所有者ご自身が家の状況を6つの項目で評価できるサイトです。国交省の支援で作成されました。

　右のQRコードでお試しください。

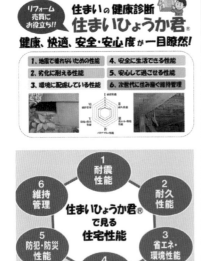

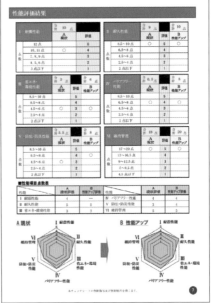

第3章

住まいのマネージメントの
伴走者

頼りになる
「住まいのかかりつけ医：工務店」
住まいのマネージメント実例

1 頼りになる「住まいのかかりつけ医：工務店」と繋がろう

　トイレの水が止まらない。台風でガラス窓が割れた、シャッターが壊れた、そろそろ設備機器の交換時期等々家や住まいに関する不具合や工事の相談で気軽に連絡出来る工事店（工務店）がありますか？

　住まいのマネージメント（維持管理）で点検を業者に依頼する住宅所有者にとってトータルでマネージメント（維持管理）事業をしている事業者はまだまだ少数派ですが、人間の身体同様　早期発見、早期手当をして、家にもお財布にも優しいマネージメント（維持管理）が出来る住まいのかかりつけ医である事業者が伴走者として繋がっていると心強いです。私は地元の工務店がお勧めです。その理由は、技能者、職人さんの集団だからです。

　昭和の時代は会社名が「＊＊工務店」と名乗るお店が多かったのですが、今はカタカナの会社名が増え、「工務店」に馴染みのない方にはちょっとわかり難い存在ですが、ちょっと気を付けてウォッチングするとすぐ見つかります。

　個人住宅の建築、リフォーム工事業者を一言で表現すると「住宅のゼネコン」です。会社（お店）を詳しく知るとその会社の施工、設計、営業などの強い分野がわかります。建築業界の特徴は、多くの専門業者と連携する業界で、工務店はその「連携の要」にいます。

　「住宅のゼネコン的工務店」は、建築士も施工管理技士も在籍し、設計から、施工、アフターメンテナンスまで　聞けば実務に裏付けられた答えが即座に出て来ます。また仲間の色々な工事事業者とのネットワークが広く、ワンストップで悩みと課題が解消します。

　健康であればかかりつけ医に数年行かないこともよくあり、住ま

いも同じです。しかし、台風などの時は、かかりつけ工務店がある
と安心で、大きな地震や台風の時、かかりつけ医：工務店は真っ先
に電話や訪問してくれ、直してくれます。

　心当たりのない方は、小さな工事を依頼したり、見学会などのイ
ベントに参加や工事現場の見学をしたり、設備機器などはメーカ
ショールームでウォッチングなど、日ごろから情報収集の機会を見
つけるときっと良い出会いがまっています。

　備えあれば憂いなしです。

住まいのかかりつけ医　地元の工務店とお客様

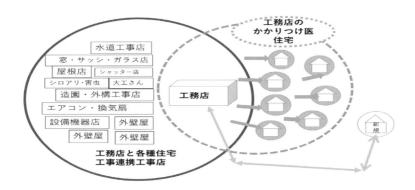

　良い専門家に出会う方法は、下記を参考にして下さい。
・専門家は、例えば、古民家再生に強い、リフォーム工事は大小合わ
せ年間 150 件、省エネはお任せ、キッチンは得意等々実務に裏付け
られた分野の情報を豊富に持っています。先ずは、会社の大小や役
職の先入観を持たず、お話をお聞きし、その上で契約する会社（お店）
を絞り込んでいきましょう。
・建築士や施工管理技士、宅建士等の公的資格もその守備範囲が広い
ので、それぞれの専門分野と、資格と実績をお聞きしましょう。
・セカンドオピニオンの活用も信頼の一つです。

・公的情報機関の活用
公的機関が運営する「住まいるダイヤル」
大阪市：大阪市立住まい情報センター
京都市：京安心すまいセンター
神戸市：神戸市すまいるネット

　業者選びの最終ポイントは「業者の能力と依頼者との相性、公的な免許」です。

　世の中に沢山のお店がありますが、買物や食事で行きつけのお店が決まってくることが多いです。

　そろえている品物が好みや価格だけでなく、接客姿勢やお店の雰囲気等で、これらを総称して相性と言っています。

　住まいに関しての相性に「住まいや工事に対する考え方等」が大きな比重を占めます。

　どのような思いで建築に携わっているのか、どのような住まいを造りたいのか等です。

　施工技術力は重要ですが、設計の考え方や思いも重要です。「建築士、職人さんはこだわりを持つ方も多く、このこだわりがその会社・お店の特徴にもなり、均一化した工業製品との違いです。

　某工務店は新築工事契約まで短くても２〜５年位現場見学などでお付き合いしてから契約されます。この工務店は具体的商談、契約まで２年待ち、３年待ちのお客様が当たり前で、これだけ契約までに時間をかけると「親戚づきあい」に近くなり　建築主にも業者にもゆっくり時間が流れる良いゆとりを感じます。

2　住まいのマネージメント（維持管理）は設計段階から考えましょう
イニシャルコスト、ランニングコスト、廃棄コスト

　住宅も建てた後のマネージメント（維持管理）が大事で、そのマネージメント（維持管理）次第で、世代にわたってかかるトータルコスト（費用）が違います。

　今日、日本の住宅建築技術は2000年前後から技術力や各建材の性能が向上し、施工性、快適性と耐久性が高いことを実感します。

　住宅内の設備機器にはITを活用したロボットが活躍していますが、高性能になってもマネージメント（維持管理）は必要です。飛行機や自動車、新幹線、高速道路やトンネル、橋梁等暮しに欠かせない社会インフラが安心出来るのもたゆまない「点検、維持管理」の賜物です。

　木材のふるさとの山も「間伐や枝切りなどのマネージメント（維持管理）」された山とされていない山とでは、木材の生育、品質が違います。又、間伐されず放置された山は下草も生えず真っ暗で、倒木が腐り、苔が生え、保水力が弱くなり、一旦大雨が降ると土石流災害が発生します。

　「海の母は山」と言われ、よく手入れされている山は、山道を歩くと明るく、快適で、地域、地球環境に大きな役割を担っています。

住宅で「資金計画」と言うと新築時やリフォームの工事費の計画を考えることが多く、意外に無いのが戸建住宅の住まいのマネージメント（維持管理）費です。

　新築やリフォームするとき、夢が膨らみ、楽しい暮らしが目に浮かび、その工事に意識が集中ますが、その時　同時に住まいのマネージメント（維持管理）を想定しましょう。住まいのマネージメント（維持管理）費が必要になってくる時期と子供の教育費が増える時期が重なったり、思いがけない出費が発生すると家の不具合修理が後回しになり、手を付けた時には大規模補修になっていたことになりかねません。

　建築時にその後の費用を考えて設計、施工をしっかりすると 10 ～ 30 年位の維持管理費用は低く抑えられます。最近の 30 年間の維持管理が義務付けられている「長期優良住宅」は、10 ～ 15 年位は維持管理に殆ど費用がかかりません。

　時には新築時の費用を抑えざるを得ないことがありますが、その場合は、壁紙や収納等「自分で出来ることはする DIY 工事」を取り入れてはいかがでしょうか。

　図は淡路瓦工業組合が「陶器瓦」の維持管理費用を見える化したものです。

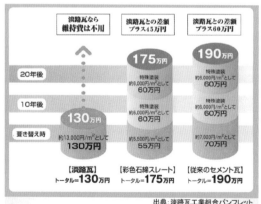

出典：淡路瓦工業組合パンフレット

42

3　具体的な住まいのマネージメント （維持管理）

　安全で快適に住む戸建木造住宅の基本は、「基礎・土台・柱・梁の構造」と「水回り」です。

　木造住宅は日本の気候風土に合い、住む人にやさしい住まいですが、水と火に弱い欠点があり、具体的には「腐り、狂い、燃焼」です。木材の腐りの原因は水分で、住まいのマネージメント（維持管理）の基本は「建物を湿気、水から守り、乾燥させる」ことです。

　梅雨や長雨等湿気が高い季節が続く日本の住宅は、常に「水分・湿気」の危険にさらされていますので、建築基準法では地面から30cm 以上の空間を取ることを決められています。一旦、水分・湿気の悪影響を受けて木材の腐りや、カビの発生、シロアリの被害等の不具合が発生すると、自然に治ることありません。建物は風通りを良くすること、不具合などの予兆をいち早く察知することが重要で、それが日常の住まいのマネージメント（維持管理）の役割です。

1、日常の住まいのマネージメント（維持管理）：お掃除の基本
・チョコチョコお掃除は、頑固な汚れ対策、身体も楽
　汚れたら掃除すると聞きますが、汚れの程度は人によって随分違いますし、汚れは日々段々と増していき、あるレベルを超えるとお掃除が嫌になり放置するという悪循環の罠に陥ります。
　家族数、住まい方で異なりますが、週、月、数ケ月、半年、一年単位のお掃除スケジュールを立てることをおすすめします。
　子供たちも自分の部屋や勉強机の周りなどを整理整頓する習慣をつけ、夏休みや春休み、冬休みの半日を一緒にしましょう。
　この身についた習慣は、その方の一生の宝になります。

・汚れ　埃、ごみの性質を知って

家の中の汚れは、昨今道路が舗装され土埃はほとんど少なくなりましたが、それでも窓を開けていると埃が入って来ますし、排気ガスなどの油性の汚れも多くなっています。

ホームセンターの棚には、たくさんの洗剤が並んでどれを選ぼうか迷います。洗剤はアルカリ性から酸性まであり、汚れの性質にあった洗剤や掃除道具を準備しましょう。

・建材の種類の違いで適切な掃除道具と洗剤

畳と絨毯、フォローリングと言った床材の違いは掃除の仕方が違います。床材が同じ家は、掃除の仕方、洗剤も同じなので効率が良く、新築、リフォームの時維持管理も考えて設計や建材選びしましょう。

今日掃除機やロボットによる掃除機器は必須ですが、食べこぼしやサッシ溝に即対応できる手帚き、掃除機のパーツも備えたいものです。

・トイレ

台所、浴室とトイレは家のなかで一番汚れるとことです。汚れるところだからこそ使ったら掃除をしていつもきれいに保ちたいものです。

洋風便器が主流になった今日、トイレ掃除も簡単になり嬉しいです。相談があるのが、「トイレの詰まり」です。

「トイレの詰まり」は、24時間駆け付けサービスの1位、2位で、日常生活に大きな影響が出ます。

洋便器のつまりの原因と詰まらない対応を参考にご覧ください。特に①②は子供さんに伝えましょう。

①トイレットペーパの大量使用による詰まり

トイレットペーパーは適切に使いましょう。大量になる場合は、途中で流しましょう。

②流してはいけないもの（不用意に落とすものも含む）による詰まり

水に溶けにくいティッシュペーパー、紙おむつ等は絶対流さないこと。

③便器の種類による適切な水量が取れていないため

節水などの目的で本来の水の量が流れていないために発生します。

見える範囲からは流れていても、流れる水量が少ないと途中に留まり、これが繰り返されると詰まりの原因になります。便器の機種によって水量が決まっています。

タンクにペットボトルやレンガなどを入れないでください。故障の原因にもなります。

節水トイレの使い方は、取り扱い説明書に従ってください。

④排水管の勾配による詰まり

設置位置の関係で排水管の横引きが長い場合に起こります。

設置施工間もなく発生すると、繰り返して発生することが想定されます。

応急対応は、水を数回流します。

新築、リフォーム時にトイレ位置は、トイレから短い距離で本管に

繋いで下さい。長かったり、勾配が無い、又は緩い場合は、暮らし方で対応しましょう。

　万が一詰まった時に便利なものが、吸引式の「ラバーカップ（吸引カップ）」です。

　「スッポン」などとも呼ばれて長い柄にゴム製のカップ状の吸引道具で、トイレやキッチンなどの排水口つまり解消道具です。ぜひとも一家に一本備えましょう。

ラバーカップ

　入院等で長期間家を留守にする場合は、家を出る前にもう一度水を流してしっかり流れているかチェックしましょう。

2、汚れと洗剤の基本

　お掃除洗剤は、成分がアルカリ性から酸性に分類でき、油汚れは、アルカリ性を用います。各設備機器はそれぞれの取扱説明書に従ってください。

　最近の洋式便器は、プラスチック製の温水洗浄便座が一般的に装置のため、酸性のトイレ洗剤を使うと、塩素ガスが発生しプラスチック製の便座が劣化したり、壊れたりします。

洗剤の基礎知識

アルカリ性	弱アルカリ性	中性	弱酸性	酸性
住まいの洗剤 換気扇用洗剤	換気扇用洗剤	キッチン用洗剤	浴室用洗剤	トイレ用洗剤

住いのお手入れ　ポイント

　お手入れは体力、暮らし方を考えて、お手入れのスケジュールを立てて計画的にすると、ゆとりをもって楽しめます。

　大きな家に一人で暮らし、時間はあるが体力がなくなった友人は、一か月単位で一部屋ずつ整理・掃除して一年間で家全体を大掃除しています。子供たちの応援のある家庭では夏休みと冬休みに一家総出でと、家族のライフスタイルに合わせた住まいのお手入れをされています。掃除の仕方をお聞きすると十人十色です。

　お手入れ内容は、記録：いえかるて（第七章参照）を付けましょう。

　使った道具や DIY で余った材料は後日の維持管理に利用しましょう。

住まいのマネージメントサポート業者＆相談先一覧表を作成しましょう！

　住まいのマネージメント（維持管理）を依頼する「信頼するかかりつけ医：工務店」は、安心、信頼して頼めるよう日頃から心がけましょう。

　新築やリフォーム工事を手掛けた業者さんとお付き合いがあると心強いです。

　一刻を争う水漏れやトイレの詰まりで慌てて、チラシをみて業者に電話、後から法外な請求を受けないためにも日頃からの準備が大事です。トラブル相談窓口も記載があると安心です。

参考：一年間のスケジュール表

下記を参考にお住いにあった年間スケジュールを立てましょう。

月	ポイント	予定/準備	実施日	反省
1	今年のお手入れ計画を立てましょう 大寒に備えた結露対策			
2	庭木の害虫駆除			
3	冬対策を解除し、外回りを点検 春への模様替え等			
4	防犯対策　害虫駆除シロアリ重点点検			
5	気候の良い日を選んで塗装 梅雨に備えて樋などの清掃			
6	カビ対策　雨対策　雨戸点検			
7	カビ対応　日射・遮熱対策			
8	台風対策　排水管の清掃 夏の大掃除（油汚れに便利） 長期の留守の後始末			
9	防災対策の点検（地震、水害等）　台風			
10	晴天続きに部屋の換気、乾燥を			
11	年末の大掃除準備早めの防寒対策			
12	年末大掃除　一年間のお手入れ記録追加			

大規模修繕　設備機器交換　計画

工事名	前回実施日	工事会社	次回予定年月	予定工事会社
外壁工事	新築時	＊＊工務店	20＊＊年	＊＊工務店
シロアリ防除工事	20・・年	＊＊工務店	20＊＊年	未定
給湯機器	新築時	＊＊工務店	20＊＊年	○ガス会社
エアコン	新築時	＊＊会社	20＊＊年	＊＊会社
太陽光発電＆周辺機器	新築時	＊＊環境	20＊＊年	＊＊環境

頼りになる「かかりつけ医：工務店」からの具体的な情報

　かかりつけ医工務店の「住まいのマネージメントお手入れ」情報をご紹介します。

　かかりつけ医：工務店とは、新築、リフォーム工事の設計、施工とアフターメンテナンスの業者です。

　人間もかかりつけ医がいると安心です。建物も同じで、かかりつけ医：工務店は自ら設計、施工した建物の躯体（構造）を熟知し、経年劣化や不具合、台風被害なども電話連絡時点で凡そ想定、対応策がわかることが多いです。

　下記はかかりつけ医工務店とお客様の立ち位置を模式化した図です。

　特に災害の時被害はある地域に集中するため、業者は通常業務、例えば新築工事やリフォーム工事の施工中の現場も放置できず、手がまわらない状況が続き、「お顔、建物を知っているお客様を優先せざるを得ない」状況です。御理解をお願い申し上げます。

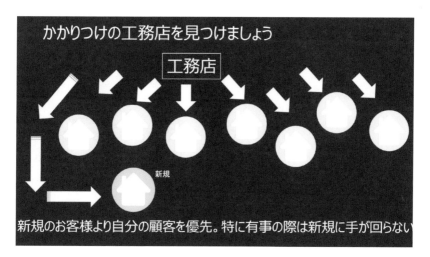

お顔を知っている専門家とお付き合いすると心強いです。

　お手入れの時に使う道具とともに大事なものが、その製品の取扱説明書です。

　住まいに関する工業製品のドア、サッシ、窓、カギ、フォローリング、設備機器等のお手入れの前に商品の「取扱説明書」をご参照ください。

取扱説明書

床のお手入れ

フローリング

無垢フローリングの場合

・乾いたモップや雑巾でからぶき
・汚れは固く絞った雑巾などでふき取る
・頑固な汚れの場合は紙やすり（♯300〜400番程度）やメラミンスポンジを使用して床板表面の汚れを削り落とし、仕上げにワックスをかける。

※汚れを削り取った部分は、原木の色が出るため他の部分と色合いが変わります。

畳の場合

・畳の目に沿ってゆっくり掃除機をかける
・汚れは固く絞った雑巾などでふき取り、必ずからぶきをする
・カビが生えたときは、消毒用のアルコールを布にしみこませふき取る
・天気の良い日には、窓を開けて風を通す。

　直射日光は畳を痛めるので避ける

・畳の上に絨毯などを敷くと畳の呼吸の妨げになり、カビやダニの原因になります。

壁のお手入れ

ビニール壁紙の場合

・ハタキなどでホコリを落とし、汚れが付着した場合は直ちにかたく絞ったスポンジやタオルで汚れを吸い取るように拭き取る。

　落ちにくい汚れは中性洗剤を使用し、洗剤が残らないようにふき取る。

塗り壁の場合

・通常の汚れは壁紙と同様にし、ひどい汚れは工務店に相談しましょう。

サッシのお手入れ（アルミ製玄関ドア　サッシ戸等）

アルミ部の掃除

掃除用品

　■柔らかい布またはスポンジ

　■中性洗剤（1〜2％の水溶液）

　■乾いた布

1．柔らかい布に水を浸し、表面についたホコリ・砂などを洗い落とします。

2．柔らかい布またはスポンジで全体を水拭きします。

　※水拭きで落ちない場合は、中性洗剤（1〜2％の水溶液）で軽く洗い流します。

3．乾いた布で、十分に水分を拭き取ってください。

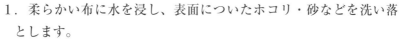

窓ガラス

掃除用品

　■柔らかい布またはスポンジ

水切りがあると便利

　■中性洗剤（１〜２％の水溶

液）

　■乾いた布

１．柔らかい布に中性洗剤（１〜２％の水溶液）を浸し、汚れをふ

　き取る。

　　水切りを使うと便利

２．乾いた布で、十分に水分を拭き取ってください。

戸車の調整

　サッシ戸が傾いて開けにくい時は、サッシ戸下の戸車を調整しま

す。

　網戸がきちんと閉まらない場合も使います。

　詳しくは　サッシ戸の取り扱い説明書ご参照下さい。

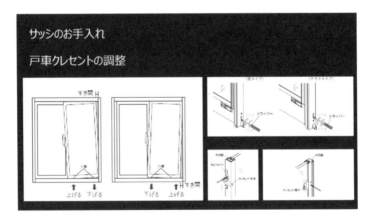

固定網戸の掃除

固定網戸のはずし方

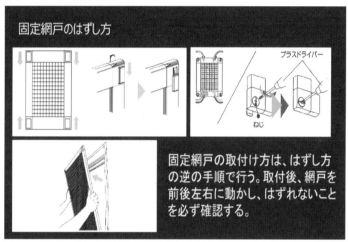

掃除用品　柔らかいブラシ

　　　　　スポンジ

　　　　　中性洗剤

１．窓から網戸を外し

２．網戸のネットが外れないように柔らかいブラシやスポンジで軽
　　く抑えるように水洗いする。

木製ドア（引戸　吊り戸）

掃除用品

　乾いた布

木製品ワックス

・普段は埃を払う程度で良い。

・埃が酷い時は固く絞った雑巾でふき取り、乾いた布で素早く水分を
　取る。

・木製品ワックスをかける。

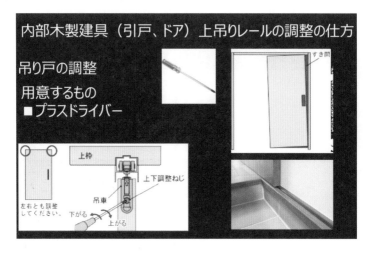

カギのすべりが悪くなったら
1．掃除機やエアーダスターで
　鍵穴のゴミを取り除き
2．鍵側も古い歯ブラシなどで
　軽く掃除をします。
3．鍵の切り込みを鉛筆で強め
　に黒くなぞり、複数回鍵穴に
　抜き差しします。
　※黒鉛筆の代わりに、鍵専用
　潤滑剤を少量スプレーする方
　法もあります。

簡単な方法　　４Ｂ位の柔らかい鉛筆芯を鍵にこすり　鍵に鉛筆芯が
　　　　　　　ついたら、鍵を鍵穴に差し込む。
　　　　　　　これを数回繰り返す。最後は鍵についた鉛筆芯を丁

寧にふき取る。

注意　・鍵穴に市販の（CRC ／シリコンスプレー）などを吹いて
　　　　滑りをよくさせて下さい。

　　　・（クレ 556）など油系のスプレーをさすと、油にゴミやホ
　　　　コリがつき、鍵内部で動作不良の原因となるため避けて
　　　　ください。

ドアクローザー

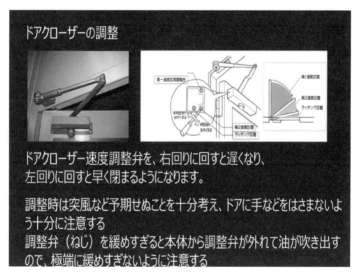

ドアクローザーの調整

ドアクローザー速度調整弁を、右回りに回すと遅くなり、
左回りに回すと早く閉まるようになります。

調整時は突風など予期せぬことを十分考え、ドアに手などをはさまないよ
う十分に注意する
調整弁（ねじ）を緩めすぎると本体から調整弁が外れて油が吹き出す
ので、極端に緩めすぎないように注意する

シャッター、雨戸のメンテナンス

掃除用具　　■ブラシ　　　■ドライバー

　　　　　　■竹串　割りばし　つまようじ

　　　　　　■ぞうきん　■シリコンスプレー

１．レールの砂やホコリをブラシで掻き出すか掃除機で吸い取り、
　　こびりついた汚れは雑巾を硬く絞って拭き取る。

２．レールを掃除してもなお雨戸がスムーズに動かない場合は、戸
　　車にゴミやホコリが　絡んでいる可能性があります。
　　上下２箇所に付いている戸袋ガイドを外したあと、雨戸を一枚ず
　　つスライドさせて取り外し、

３．外した雨戸を横にして立てかけ、戸車に絡んだゴミやホコリを
　　爪楊枝などで取り除く。
　　犬や猫の毛も戸車に絡みやすいので注意。

４．雨戸上下のレール、戸袋の入り口や奥など雨戸が接触する部分
　　にシリコン系の潤滑剤を吹き付ける。

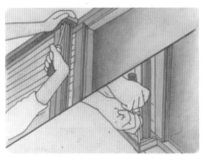 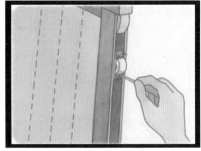

シャッターのお手入れ方法

掃除用具　　■ブラシ　　　■ドライバー

　　　　　　■竹串　割りばし　つまようじ

　　　　　　■雑巾　　■シリコンスプレー

１．シャッター左右のガイドレールにたまったゴミやホコリをブラ

シや爪楊枝などで掻き出して掃除する。

2．ガイドレールの上から下まで、手が届く範囲でシリコンスプレー
　を吹き付け、その後シャッターを何度か上げ下げして潤滑剤をな
　じむる。

　また、スラット（羽根）の一番下に付いているロック部にもシリ
　コンスプレーを吹きつけておくと、施錠、解錠がスムーズになる。

浴室のお手入れ

浴室洗い場の排水溝

掃除用具　　■重曹　■液体石鹸　■クエン酸水または酢
　　　　　　■古い歯ブラシ、スポンジ

1．排水溝を覆っているスノコを外し、ヘアキャッチャーをはめた
　ままこの蓋に重曹をまんべんなく振りかける。

2．汚れが酷く張りついている部分や、スノコの隙間など汚れが落
　ちづらい箇所は、振りかけた重曹の上から液体石けんをつけた古
　歯ブラシで擦る。

3．重曹を振りかけた排水溝全体に、クエン酸水（酢）をスプレーし、
　発泡させ、10分程度置く。

　汚れが緩んだところに再度重曹をふりかけ、古歯ブラシで擦る。

4．使用した「重曹」「液体石けん」「酢・クエン酸」等を残さないよう、
　ぬるま湯をシャワーでかけて、よく洗い流す。

　ヘアキャッチャーにかかった毛やホコリといった汚れものを古歯
　ブラシで掻き出すようにヘアキャッチャーと排水口内を2〜3の
　手順と同様に掃除する。

キッチンのお手入れ

ビルトインガスコンロ

軽い汚れ

・絞ったふきんでふきとる。

・ちょっとしたこびりつきには、市販のメラミンフォームスポンジに
　水を含ませ、かるく絞って使う。

がんこな汚れ

・汚れにガラストップ専用クリーナーまたは市販のクリームクレン
　ザーを少量つけて、丸めたラップで円を描くようにこすり取り、水
　拭きで仕上げる。

　※光沢がなくなることがありますので、常用は避ける。

ゴトク

・軽い汚れの場合は取り外してスポンジに台所用中性洗剤をつけて洗
　う。

・ガンコな汚れの場合、重曹大さじ一杯を約40℃のお湯1リットル
　に溶かし、その中にゴトクを入れて約30分間つけ置き、汚れが浮
　いてきたらスポンジでこすり落とす。

　それでも落ちない場合は、お湯に入れて約20分間煮込むと汚れが
　落ちやすくなる。

注意：やけどに注意する

　アルミ製バーナーキャップやバーナーリングカバーを煮沸すると
変色する。

IH クッキングヒーター

・軽い汚れ：絞った布巾でふきとり、その後乾いたふきんでからぶき
　する。

・油汚れの場合：台所用中性洗剤を薄めて、布巾にしみ込ませてふき
　取り、水をしぼった布巾で除去したあと乾いた布巾でからぶきする。

・落ちにくい汚れ：クリームタイプのクレンザーを丸めたラップにつ
　けてこすりとる。

※プレート枠：ステンレスの溝にそって、こすってください。

それでも落ちない時は市販のセラミックスクレーパーなどで煮こぼ
れの部分だけを軽く削り落し、その後よくふき

グリルヒーターの取り外し

１．完全に冷えた状態で、扉が止まるまで完全に引き出す。

２．グリルのレールからグリル網と受け皿を取り出す。

３．グリル扉の裏側にあるツメを押して扉を外す。

　　各製品についてのお取扱い方法の詳細は取扱説明書を確認くださ
　　い

４．薄めた台所用洗剤（中性）とスポンジで洗います。

　　※たわし、クレンザーは表面を傷つけるため、使用しない。

シンクのお手入れ

用意するもの

■ゴム手袋

■クリームクレンザー

■メラミンスポンジまたはデニム生地の布

１．シンク内に水をうち、クリームクレンザーをよく振ってスポン
　　ジにのせる。

２．スポンジを一定方向に動かして汚れを取り除く。

３．最後に水で洗剤をしっかりと流してから乾拭きをする。

　表面のキズやサビの原因にるので、ステンレスのシンクには塩素系の洗剤やステンレスのたわし、粒子の荒いクレンザー使用しない。

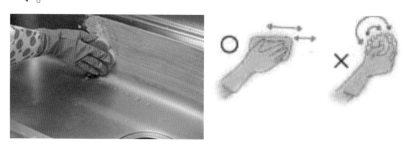

排水溝のお手入れ

用意するもの

■ゴム手袋

■酸素系漂白剤■バケツ■古歯ブラシ

１．排水口から菊割れゴム、生ゴミ受けカゴ、排水カバーを外す。

２．１で取り外したものを、酸素系漂白剤を入れたバケツにつけ置きする。

３．汚れが緩んできたら、古歯ブラシで細かい部分の汚れを掃除する。

４．しっかりと水で洗い流して、最後に拭き上げをする。

トイレもしもの時の水の止め方

用意するもの　　■マイナスドライバー

止水栓

１．止水栓の位置を確認し、

２．止水栓を閉める。止水栓はマイナスドライバーで右（時計回り）

にまわすと閉まる。

※温水洗浄（ウォシュレット）が付いている場合は、温水洗浄用の止水栓と間違えないよう注意する。

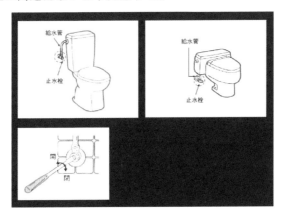

洗面化粧台のお手入れ

用意するもの

■柔らかい布　■中性洗剤

■メラミンスポンジ　■古歯ブラシ

１．毎日の使用後、軽い汚れの場合は水気を拭き取って、水垢が付かないようにする。

２．汚れがひどい時は、スポンジに中性洗剤を付け、円を描くようにこすって汚れを落とす。
さらに水洗いしてからぶきで仕上げる。

３．オーバーフロー穴（洗面ボウルに水があふれないようについている小さな排水口）に付いた汚れは、中性洗剤をつけて歯ブ

ラシでこすり洗いをする。

水で洗剤を洗い流した後、から拭きする。

4．栓をつまんで取り出し、ヘアキャッチャーにたまったごみを取り除いてから歯ブラシでこすり洗いをする。

屋根のお手入れ

屋根の点検

・梅雨・台風時期の前に屋根の状態を確認。

・特に瓦屋根の場合、瓦のズレや割れは直接雨漏りの原因になるので見つけ次第業者に連絡する。

・また、台風が去った後に瓦が飛んでないか、屋根が傷んでないか点検する。

・点検の際は、2階の窓や離れたところから双眼鏡で見る等危険がないように行う。

雨樋のお手入れ

1．一方の端からもう一方の端まで、竹ベラなどでこびりついた泥を落とす。

2．チリほうきで泥をはき集めて捨てる。

3．掃除が終わったら水を流します。

雨樋の清掃は、ヘルメットを着用し、転落事故などに注意。

はしごを使う場合は、先端には厚い布などを巻きつけ、壁や破風、屋根を傷つけない。

ハシゴに登る場合は、必ず下で誰かにハシゴを押さえてもらう事。

4．雨樋の近くの樹木が繁茂しないように気をつけましょう。

バルコニー・ベランダの清掃

1．ほうきで砂ぼこりをとる。
2．排水口の溜まっているゴミ、
　　土等は取り除く。
3．デッキブラシ、亀の子たわし、
　　スポンジなどを使い、排水口
　　まわりや全体を洗う。
4．水を流し、汚れを落とす。
5．手すりは硬く絞った雑巾で拭く。
6．汚れが取れたら、水拭き、から拭きの順に拭き上げる。

基礎まわり

　建物の基礎立ち上がりコンクリートへの泥はねなどが気になる場合は、乾燥しているときにブラシなどで埃を落とすようにする。

　建物に近接して将来大木になるような樹木を植えると、成長に伴って根が基礎を破壊することがあるので注意する。

　蟻道を見つけたらすぐに専門業者に駆除依頼しましょう。

蟻道

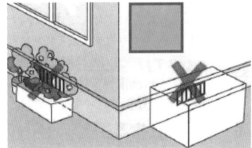

床下換気口をふさいでしまうと十分に換気できません

コンセント使用の注意点

・発熱の恐れがあるため、コードを束ねたまま使用するのをやめま

しょう。

・火災の原因となるのでコンセント周辺にホコリをためないよう掃除しましょう。

・エアコンなど電力の大きな家電を使用する場合は、専用のコンセントで使用しましょう。

・感電の恐れがあるので曲がったり、グラグラした電源プラグは交換しましょう。

・タコ足配線は危険なのでやめましょう。

照明器具のランプ交換

・電球には、天井照明用の直管型蛍光灯や環状蛍光灯、ダウンライトに用いるクリプトン球、白熱電球やＬＥＤなどさまざまな種類があります。

またそれぞれにワット数や口金の種別などがありますので、電球を交換する場合は電球に記載されている型番を控えて店舗に出かけましょう。

・電球の交換の機会に照明器具の傘やカバーは固く絞ったタオルで拭きます。明るくなります。

エアコンフィルターの清掃

お手入れの前には必ず運転を停止し、電源プラグを抜くかブレーカーを切ってください。

用意するもの

■掃除機　■中性洗剤

■フィルタが入る大きさのバケツ　■スポンジ

１．エアコン前面のパネルを開け、中からフィルタを取り出す。

エアコンフィルターの清掃

２．取り出したフィルタについたホコリを掃除機で吸い取る。

　油汚れやタバコのヤニが付着している場合は、バケツに薄めた中性洗剤を入れ、スポンジで優しく洗います。
3．水洗い後は、しばらず軽く水切りをし、たるみやシワをのばしてから日陰でよく乾かして乾いたらはずしたのと逆の手順でフィルタを取り付ける。

かかりつけ医：工務店からの台風トピックス

台風の風被害は結構大きいのです。

　まちなかで建物が多く大丈夫と思われていませんか？　「ビル風」や風による飛来物が思いがけない被害を出します。窓ガラスが割れると家の中に一気に風が入り、家の中のものが飛び出すなど二次被害が起こります。意外にシャッターが風に強くないのです。

窓ガラス破損

屋根瓦落下＆波板破損

シャッター

波板

建物

情報提供

居藏宏幸　国産材を使った木の家専門家　一級建築施工管理技士

株式会社藏家　木の家専門店　大阪市住吉区遠里小野 5-3-9

知って得するサイト　「https://kura-ya.net/good-value

外壁

　屋根、外壁は、住宅の安全を担う重要な部位です。

　同じ外周りでも屋根は強固な建材瓦を使っているので取替やリフォーム工事のサイクルは長く、それに比べて外壁は庇の出の長さによっても劣化度は異なりますが、15 年前後〜 20 年前後で第一回のメンテナンスの時

軒の出がしっかるある住宅

期がきます。軒の出の無い住宅は少し早めにして下さい。

　外壁は窓との接合部の関係で雨漏りやヒビの起こりやすい部位です。

　雨は一旦壁の中に入ると構造体である柱や梁などの木材に二次被

66

害、三次被害が発生しますので、絶対雨が建物内に入らないように
しっかりマネージメント（維持管理）しましょう。

　塗装は外壁に限らず、木製の塀や柵、デッキ等もトコトン塗料が
剥げてから塗りなおすのではなく、早めに行いましょう。特に第一
回目は少し早めに塗りなおしたほうが建物　塗布面には効果的で、
その後の耐久性が高まります。

モルタル壁

　10 年を超えると汚れが目立ち、時には防水性能も低下します。ヒビ、
浮き、脱落も起こり、また風通しの悪いところではうっすら苔が生
えたりしますので、点検で確認し 15 年〜 20 年位の間に塗り替えを
専門業者に依頼します。

　塗り替えは基本足場を組立て作業を行いますので、その間養生シー
トを貼り窓が開けられない状態が 10 日〜 1 ヶ月近く続きます。専門
業者に時間的ゆとりをもって商談しましょう。

塗り替え時の目安：チョーキング現象

外壁塗り替え工事

　外壁は、屋根とともに建物を担う重要な部位です。瓦屋根より維
持管理のサイクルが早く、多くの住宅で 15 年〜 25 年に一度必要に
なる重要な工事です。

又、外壁塗り替えは工事金額も大きく、工事内容は素人にはわかり難いことが多く、工事期間中は生活にも若干不便が生じたり防犯上の注意も必要です。

流れを中心に専門家のアドバイスを紹介します。

外壁塗り替えの手順

外壁塗り替えは、準備の現地調査から工事完了まで長い期間かかります。

以下全体を頭に入れて頂いて、業者と打ち合わせの参考にして下さい。

1、専門業者と出会い、手持ちの図面等で概略の商談を行います。

2、専門業者による現地調査

外壁、軒天の劣化状況だけでなく、足場に関係する通路状況、樹木、植木鉢などを見ます。

3、調査に基づき施工方法（塗料など）決定、見積作成、工事日程調整

1〜3は複数業者に依頼して　見積もりを比較・検討できます。

その場合は、業者に「他の業者にも見積もりを依頼」していることと、見積もりが有料か、無料かを確認してください。

4、工事契約

金額の他に大事なことは工事完了日です。天候などで工事が伸びる場合があります。日程にゆとりをみているか、日程が延びる場合の対応なども記載しているか等を確認しましょう。工事後に引越し等予定が入っている場合は、打ち合わせの時しっかり情報提供しましょう。

5、近隣挨拶、建物周辺部工事障害物や樹木等も撤去

基本、施主（工事依頼者）と事業者が挨拶に行きます。

自動車の出入り、塗料の臭い、廃材・ごみなど等で苦情、トラブ

ルにならないために事前の挨拶、情報提供は重要です。

6、足場設置、足場から高所不具合等チェック＆工事金額変更の有無確認

　足場を使う調査で 2 の現地調査で見えなかった不具合の発見もあります。工事金額に変更が生じる場合は、書面で受け取りましょう。

7、塗料の飛散防止対策、養生シートやテープ処理

　養生シートを張ると、窓の開閉が出来ません。隣家の自家用車や樹木への養生も対応しましょう。

　養生シートが張られると、一旦人が中に入ってもわかり難くい上に、足場を使うと 2 階、3 階まで簡単に上がれます。窓の防犯に注意しましょう。

8、クラック、浮きなどの補修

9、外壁の汚れ落とし（高圧洗浄やエア洗浄）

10、第一回　下地　塗装

11、第二回　中塗装　　　　｝塗料や天候で工事が無い日があります。

12、第三回　仕上塗装

13、養生材の撤去と工事補足、仕上確認

　仕上げ確認は現場監督が行いますが、施主（工事依頼者）の目で、塗りもれ、余分なところへの塗料の付着がないか等を確認しましょ

う。

14、足場撤去、工事完了

　　足場が撤去され、塗料缶や道具等の撤収が終了した段階で、現場責任者が確認しますが、依頼主としても忘れ物が無いか、ごみが残っていないか確認しましょう。

15、請求書受領、工事代金支払、工事保証書受領などで一連の工事は終了します。

　　工事記録を「いえかるて」に記録、保管しましょう。

塗装工程

　　塗装は重ねて三度塗ることが基本です。一番下は下地塗り、上に塗るものがしっかり塗れるようにするためで、それが乾き次第中塗り、仕上げ塗りと進みます。

　　鉄部の場合は、一工程錆落としが入り、下地塗りは錆止めです。

　　重ねて塗った塗装が明確にわかるように薄い色から濃い色へと色を変えます。

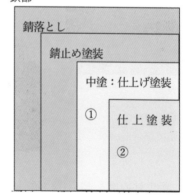

　塗料は化学塗料と天然塗料があり、外壁には一般的に石油を原料の下記の塗料が使われます。

　外壁や塀の木部には、天然のベンガラが使われることも多いです。

　品質（耐久性等）と価格は正比例しています。商談の時しっかりご質問ご確認ください。

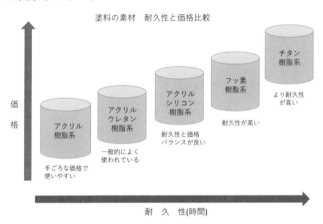

塗料の素材　耐久性と価格比較

塗装見積のトピックス

　請負工事契約は、製品購入契約と大きく異なります。特に建築工事は契約対象ごとに契約内容が大きく異なり、専門家以外にはわかり難い世界です。

　安ければ嬉しいですが、次もお願いしたい、人にもご紹介したいのは、「適正な費用・金額」で契約し、良い仕事をして頂けることです。見積書は、総額で検討しがちですが、重要な項目は、単価と面積です。面積は、立面図を使い、横の長さ×高さで較的簡単に算出出来ます。

　この場合、サッシなどの開口部をマイナスする場合と、開口部が少ない比較的狭い開口部の場合は計算しない方法もありますので、業者にお尋ねください。

　使用塗料の缶には、容量やℓ当たりの塗布面積が記載されています。

サイディング　タイル

　サイディング、タイルは耐久性の高い建材です。サイディングには、窯業系サイディングが多く、金属板サイディングもあります。

　サイディング、タイルは、畳の大きさ程度が工場出荷されますので、現場で壁一面になるように施工します。接続目地のコーキング材は、5年前後から劣化が始まり、ヒビが入ったり、切れたり、剥がれたりします。ここから雨が入ると内部の木部が濡れ二次被害がおこります。

　応急的には市販のコーキング材で手当後、本格補修は専門家に依頼しましょう。

基礎

　基礎の周りは、特に換気口や基礎パッキンが施工されている部位には、物や植木鉢、廃材を置かず常に空気の流れを作り、基礎や床下周りが乾燥するよう心がけましょう。

　ヒビや欠け、地面との境に窪み等の変化を見つけたら、業者に見て判断頂きましょう。

土台

　外からは見えにくい部位です。専門家の点検時にしっかり見て頂きます。

　基礎のチェックの時、シロアリの蟻道疑惑を見つけたら、専門業者に点検、駆除、防蟻工事を受けましょう。

防犯

　空き巣は鍵を開ける時間は 5 分以内と言われます。1 ドア　2 ロックが基本です。

鍵の種類

　防犯に欠かせないのが「鍵」です。

　一か所の鍵は、メイン 1 個補助鍵を 1 個以上付けることをお勧めします。

　鍵には様々な種類がありますが、写真の左の鍵は複製が難しく右に比べると安全性が高いです。

　木製ドアの場合、時間が経つとドア枠とドアの間に隙間が出来、鍵の一部が見え、バールなどでこじ開けることができます。

　安全対策に保護の金具：ドアガードなどを付けましょう。

シロアリ

　シロアリは光と風が苦手です。土中から建物の木材のある上部に上がるために

ドアガード

自ら土等で光と風を受けない蟻道（ギドウ）を作り上に上がっていきます。

　シロアリと聞くと床下をイメージしますが、玄関框周辺も被害にあうところです。玄関框は直ぐ下が土で、シロアリ発生率が高いところです。

　据え置き式靴箱は、風が通らなく暗いところで、シロアリ被害の条件にぴったりです。

　シロアリ対策のためにも時々動かして掃除し、定期点検の時には、専門家に点検をお願いしましょう。

　特に空き家や高齢で一階のみで居住の場合、二階にシロアリが上がることがあります。

　月1、2回1〜2時間位は風を入れましょう。

玄関框シロアリ被害　　　　廊下上シロアリ　雨戸を伝って一階天井部位に

維持管理の資金準備を心がけましょう！！

　自宅建物、設備機器の補修や更新の費用はどのように準備されていますか？

　集合住宅（マンション）は集まって住んでいるので、建物の外周

部（屋根、外壁、基礎）廊下、エレベータ等の共有部分は住民が管理組合を作り修繕積立金を毎月積み立て長期に修繕計画を立て実行しています。

　戸建住宅は、「住宅所有者がご自身の責任」で準備しますが、アンケートによると積立預金等で準備の方は約 20％で、費用が必要になったら預金を使うか、リフォームローンを利用とお答えの方が 80％です。

　台風などで被害にあっても補修が先延ばしにならないためには、やはり事前に準備することをおすすめいたします。

　早期発見、早期手当、計画的な住まいの維持管理のためには住宅にあった資金の準備です。しっかり維持管理された住宅こそご自身のそして地域の財産です。

我が家は、教育資金同様、戸建修繕積立金としてそのための通帳を作り、月5,000円、年間6万円を積み立て、住まいのマネージメント費用として家計費とは別に管理しています。特別定額給付金（新型コロナウィルス感染症緊急経済対策関連）の一部をここに入れ、外壁塗り替え費用として使いました。

　小さな補修工事も工事内容と費用を「記録：いえかるて」に記録、保管すると「我が家の維持管理資金データ」が出来、5年、10年単位で費用概算が計算できます。
　少し遡って思い出し、作っていきましょう。

第4章

暮しが愉しい
仮想リフォームで
住まいを楽しみましょう

仮想リフォームで住まいを楽しみましょう

　建物の建て替えやリフォーム、引越は様々な理由から計画され、その理由で最も多いのが老朽化による不具合です。住まいをリフォームしたいと思うとき、住宅マネージメント（維持管理）されている事も大きく影響しますが、家族構成の変化や、年齢や身体条件により暮らし方もいろいろ変化していきます。

　一度、今のお住まいで仮想リフォームを愉しまれませんか？

　長年住宅業界でご活躍の足永和子先生作成の仮想リフォーム事例をご紹介します。

1　古民家リノベーション

　日本古来の文化を大切にしたい若夫婦が、築150年の古民家を、リノベーションしようと家族でプロジェクトを立ち上げ、北側の土間スペースは減築（取り壊）し、一階は、貸会場に、二階をプライベートスペースになりました。

　床の間や炉が切られ「和の空間を活かしたイベント」をいろいろ計画されています。これまではその場所に行かないと叶わなかった、お茶やお花、お習字など和のカルチャーを、水屋も造り、本格的な茶事も開けるようにしました。

　又、コロナ禍で体験したオンラインで学べるよう、配信も可能な空間にし、利用できる設計にしました。落語やセミナー等で利用する為の備品収納スペースも設けました。

　雪見障子をとおして眺める南北の庭は素晴らしいので、この癒し空間を活かす様、昼間はカフェに、夜間は仕事や自習ができる予約制のコワーキングスペースにしました。

　掘り炬燵とテーブルは、3密を避けた形になっていて、組み立て式

です。簡易なミニキッチンは、セルフでも使用でき、大変重宝します。

　二階フロアーがご夫婦のプライベート空間です。

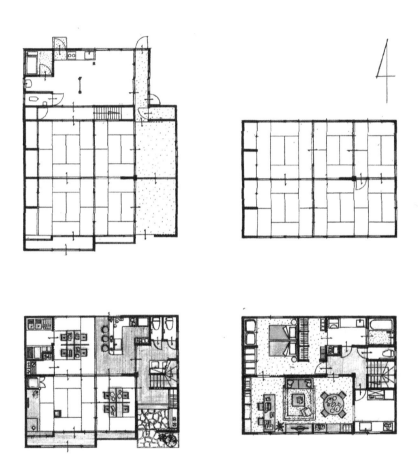

2　昭和の住まいを令和の住まいにチェンジ

A　祖父母の住宅を孫夫婦が住み継ぎ

　祖父母が住んでいた家が50年の月日を経て、若いファミリーにバトンタッチ。しばらく空き家になっていたため傷みも激しかったですが、京間の平屋は使い勝手が良さそうなので、リフォームして住み継ぐ事になりました。

　東側は、個室が欲しくなってきた子供達の自立した空間です。リビング・ダイニングは南北に風の通る広々空間です。

　一隅にコロナ禍で増えたご夫婦のテレワークの為のワークスペースをつくりました。家中しっかりと収納計画がされていて、整理整頓された美しいお住まいです。

　あの古い家が、日当りも風通しも良い、見違えるような素晴らしいお家になったと、ご両親も喜んでおられます。

リフォーム前　　　　　　　　リフォーム後

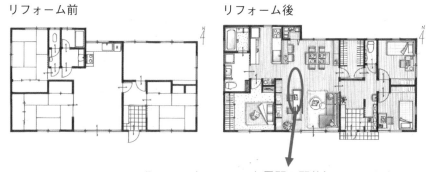

テレワークスペースと居間の間仕切っています。

B　空き家をシェアハウスに

　最寄り駅から５分の市街地に５年間空き家になっていた家をオーナのご理解で、IT 企業で働く、20 代と 30 代の男女４人の共同生活のシェアハウスとして変身させました。入居者の A 子さんが代表責任者として取り仕切り、４人がレテワークも出来るようにとこの家を借り上げました。

　建物は築 50 年なので、しっかり耐震補強しました。元々の構造をできる限り上手く割り付ける事ができ、水廻りを充実させて、若者達の快適な空間に生まれ変わりました。

リフォーム前

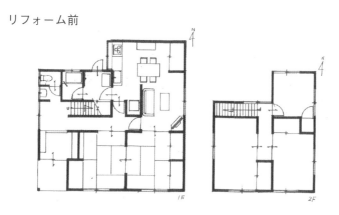

リフォーム後

掃除、料理等の家事全般は分担制で、空間も生活も上手にシェアしておられます。同じ仕事の仲間で仕事上の情報交換も出来、有意義な時間を過ごしています。

コロナ禍後は　週末に友人たちも訪れ賑やかになります。

C　老後への住み替え、一階と二階の活用を考えて

ご主人の定年を期にこれからの暮らし方を考え、ご夫婦で随分長く話し合った結果、築30年の木造住宅をリフォームすることに踏み切られました。

ご両親が地元工務店の棟梁と若い弟子と一緒に山に木を見に行って建てた木造住宅です。

子供達もそれぞれに自宅を構えているので、転居の選択肢はありましたが、思い出いっぱいの、愛着あるこの住まいに、住み続ける決心をされました。

足腰が弱くなる今後を考え、日常二人の暮らしは一階のみで生活できるプランにし、二階は、時々帰ってくる長男、長女家族が、気兼ねなく滞在できる空間にしました。

親も子も元気な限り、甘える事なく、独立して生活する良さを知ることは、60才代、70才代のこれからの暮らし方の理想と言えるのではないでしょうか。

リフォーム前

リフォーム後

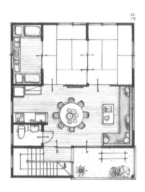

D　終の棲家

　今年75才の後期高齢者の女性です。7年前にご主人様が他界、同時期に仕事もリタイアされ、さて、お一人で今後の人生を如何に生くべきかと考え中のご相談で、ご主人様との思い出の住まいに、可能な限り住み続けたいとの思いを活かしたプランを提案しました。

　構造体や給排水の位置を大きく変えず、家の北側半分を使いやすく変更しました。

　洗面所を広く取り、キッチンからもベッドからも動線がスムーズです。和室の雪見障子を通して、ベッドから庭の四季折々の緑や花を見わたせるのをとても喜んでおられます。

　LDKはワンルームです。今までの生活からかなりの断捨離をされ、すぐ手の届く所に収納を充実させています。ダイニングのパソコンコーナーと、食事、お習字、絵手紙等、何でもできる大テーブルで、一日の大半を過ごされます。築40年で、取り壊しも考えた住まいが、贅沢な一人暮らしの空間になりました。

　来客用の駐車場の奥は広くはないですが菜園にして、気分転換と運動を兼ねて季節の野菜を作っています。

「快適で長生きができそうです」と、日々の生活を楽しんでおられます。

リフォーム前　　　　　　　　　リフォーム後

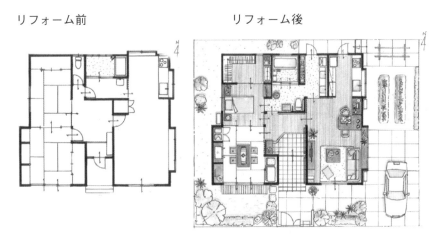

提供：足永和子　二級建築士　インテリアプランナー

第 5 章

我が家の
住まいのマネージメント
(リフォーム等)
実例紹介

築約20年間の我が家のマネージメント（維持管理）実例をご紹介します。

　転勤族でしたが、50歳を契機に定住を計画し、工務店に「100年は住み継げる住宅」をお願いしました。しかし、約20年の間すまいのマネージメントはいろいろありました。

　実際の工事は、「暮らし方に合わせて」のリフォームを8タイプ大小13か所を実施しました。

　振り返ると、すまいのマネージメントは、住まいに不安が無く、住み応えを感じ、暮らしが楽しくなることを実感しています。

a：新築工事の積み残し工事

　新築工事途中に玄関ベンチの追加工事を依頼したところ、引渡し日と請負契約費内で出来ないことがわかり、一旦新築工事の引渡しを受けてから追加工事で契約しました。

玄関にベンチを設置

　バリアフリーの玄関の為　上がり框が低く、靴の脱着時足の負担解消になり、ちょっとご近所の方など室内に上がって頂かない方も腰を掛けて話せます。当時　80歳を超えたヒザの悪い母親に好評でした。

b：実際に暮らしてのリフォーム工事で不満不便解消

　北側の食堂と南側の寝室は掃き出し窓があるが、暗く、常に照明器具が必要で明るさを求めてリフォームしました。

①太陽光照明システム「スカイライトチューブ」設置で明るく快適
な食堂に

　切り抜いていた新聞記事の天窓とは異なる太陽光照明システム「ス
カイライトチューブ」を工務店の社長と滋賀県の「㈱井之商」のショー
ルームに見学に行き、環境性とその明るさ、紫外線・太陽熱カット
の性能に納得し採用しました。

　設置後暫くは、前夜に電気を消し忘れたかと錯覚する位。屋根か
らの光は、横からの明るさの7倍を実感しています。

　　　https://www.skylighttube.co.jp/company/information/

スカイライトチューブ屋根工事

スカイライト
ダイニングルーム天井

②寝室に窓を増設

　寝室は当初防犯に重点を置いた設
計で、中庭に面した北側の掃き出し
窓以外は、風がはいる4ヶ所の小さ
な窓でした。

　仕事中心の生活の時は何も感じな
かったのですが、家人の3ヶ月の病

気療養で寝室の時間が増え、「暗い、気が滅入る」の苦情が出て、太陽が入る東側に窓を新設しました。

面格子は工務店の社長手作りの素敵な色ガラス入りです。

この窓は道路に面し防犯を考え、風は入るが窓は全開出来ません。

c：高齢期を迎えてバリアフリー工事

③トイレドアを内開きから外開きに変更

トイレ内で倒れた知人の話から、トイレ内の転倒による介助の困難防止の為ドアを外開きに変更。同じドアを使い、吊元を変更しました。

＊玄関ドアの開閉方向について

完成後に先輩から「防犯のため、お客様を迎える姿勢の為何故内開きにしなかったのか！」とご指摘を受け大いに反省しました。

日本の玄関は雨仕舞重視でほとんど外開きの為、既製品ドアは外開きです。その当時何も考えず。少し後悔しました。

d：新築時の建材や施工に不具合

④材料の選択間違いと確認不足、デッキ材3年目に木材の腐朽が発生

デッキ材使用と思いこみ、材料の確認を怠った例です。

中庭、北庭のデッキは、デッキがデッキ用材で無く、且つ後から判明しましたが、組み立て後に塗装のため、3年目に土台まで腐朽が進み、デッキの活用が出来ていなかったこともあり、撤去し、濡れ縁に作り直しました。

3年でこのような状態に

夏はすだれの遮光、遮熱で好評

e：打合せ不足　業者任せ

　業者任せで　打ち合わせ不足、想像力不足の例

⑤ガラス戸に合わない造付収納棚厚さ12mm棚板を、ガラス板に交換

⑥キッチンの水栓金具の位置が向かって左を、右利きの為右に変更

　些細なことですが、一日何回も使うところで　結構ストレスになっていました。

　上記2例とも小さな工事でしたが、毎日見るもの、三度の食事の度に使うところで、常に心に小さな引っ掛かりがありました。

　取り換え工事した後は、すっきりです。

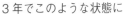
水栓金具　右へ付け替え後

f：設備機器の不良

　経年劣化　器械ものの不具合　浴室小不具合とトイレ浮き輪の鎖の外れ

⑦築11年目に浴槽の水が流れないトラブルが発生

　メーカ修理担当者の説明は「浴槽接地面の下に敷かれているゴム

製板が外れたため排水口をふさいでる」と報告。重い浴槽の下にある敷物が何故流れるのかの質問の回答は得られなかった。無料修理

⑧築5年でトイレの浮き輪の金属製の鎖が切れて排水が不能に

　メーカによる鎖　無料交換。その時我が家にある同等品2ケ所のトイレ機器の鎖もメーカの申し出で無料交換。

g：経年劣化による住まいのマネージメント（維持管理）工事

⑨木製柵の塗装

　隣家境界の一部の柵と二階木製バルコニーの塗装を3年位の周期で、ＤＩＹで塗り替え

⑩外壁塗装

　初期の塗装が良く、18年目に全面塗装工事実施

h：その他

⑪玄関ドアとドア枠の隙間拡大し、ドアガード設置

　木製ドアとドア枠が乾燥により隙間が拡大したためピッキング等の被害に遭う前にドアガードを設置した。

⑫雨水タンク設置

　園芸が趣味で、少し環境派を目指しているので、雨水利用を思い、新築後間もなく北側に雨水タンクＡを設置しました。

　雨水利用の使い勝手が良く、数年後に追加を考えてメーカに連絡しましたが、既に会社が無く、別メーカの雨水タンクＢを設置、今は2台使っています。

　Ａ、Ｂは雨水を貯め、使うことに差がありませんが、1年〜1年半に一回行う水槽内の清掃は断然Ａに軍配が上がります。

　Ａはタンクの真下らか排水でき、タンク底に溜まっている泥がす

べて排水されます。

　Bは、排水口がタンク横の下から10cm位横にあり、且つ　タンク内部底辺部に安定のために仕切りがあり、ひしゃくなどを使わないと水槽内の水をすべて流せず、きれいにするには骨が折れます。風で黄砂等小さな土が樋にも溜まりますが、雨水タンクも一年もすると結構底に土が溜まります。これは半年から1年以上使わないと分からないかもしれません。

　Aは外からタンクの水量がわかる簡単な指針がついているので助かります。

雨水タンクA　　　　　　雨水タンクB　　　　　雨水タンク水位計

我が家のいえかるて

　家の記録はつけていた家計簿のメモ欄に書いていましたが、振り返った時すぐ見つからず不便を感じていたところに国交省が「いえかるて」を推進していることを知って取り組みました。(国の取組みP101 参照)

　我が家は、新築工事以来の「いえかるて（住宅履歴情報）」を　自宅パソコンのエクセルで記録と、(一社) 住宅長期支援センターの「登録住宅いえかるてＷｅｂ」に蓄積し、点検登録店に点検等でお世話になっています。地元の工務店に繋がっていると　台風や地震の時も心強いです。

　自宅の方は雨水タンクの掃除やドアの調整、木製サッシや濡れ縁のDIY 等も記録に残して、お手入れのスケジュール管理に活用しています。

　忘備録を兼ねたエクセル作成のいえかるては、家計簿と合わせて我が家の貴重な資料となっています。

　第三者機関に預けている「いえかるて」は、将来の住み替え、売却時の第三者機関による建物の価値評価を期待して、業者に依頼した工事を中心に蓄積・保存しています。

　既存住宅が市場に出た場合、まだまだ「築年数」のみで評価されていますが、近い将来には欧米のように住まいのマネージメント（維持管理）された建物が価格に反映される日が来ることを待ち望んでいます。

　我が家のいえかるては上記２つのものを使い、住まいのマネージメントに役立てています。いえかるてに記録することですまいのマネージメントが苦にならず、家に愛着が沸きました。これからも日々の暮らしが安心出来、人生・暮らしの基本であることを実感しながら住まいと付き合いって行きます。

我が家の維持管理記録抜粋　我が家のいえかるてエクセル版です。

検、追加工事、補修工事記録　　　　　　2001年12月23日〜現在に至

年、月、日	工事名	費用	施工業者名	備考	分類	年間合計
合計	合　計	5,689,148				5,689,148
201115	多肉植物用棚製作	6,000	DIY	ロイヤル 木材20カット500円	DIY	
200616	IT掃除機 ルンバ	142,860	ヨドバシ		電気製品	
200523	2階ベランダ防水工事		(有)分鋼工務店	費用は外壁塗装工事に含む	外壁	
200522	外壁塗装	1,485,000	(有)分鋼工務店	足場設置はマルイチ(株)	外壁	
200509	2階ベランダ物置撤去	0	(有)分鋼工務店		家具	1,932,310
200411	玄関横 トイレドア 外開きに変更	40,700			トイレ	
200411	玄関前 板塀 2枚取替え	19,800	(有)分鋼工		外構	
200411	ウオッシュレット取替え 2ヶ所	190,800		漏水と動作不良 ウオッシュレットはAm	トイレ	
200411	寝室トイレ水栓 取替え	39,050		LIXILの水栓にて	トイレ	
200403	塗料 キシデコール1缶(4L シルバーグレ	8,100	AMAZON		外構	
190916	来客椅子4脚購入	168,480	家具の富		家具	
190916	食堂椅子張替え	20,995		椅子2脚張替え	家具	
190904	中庭ウッドデッキ補修工事	37,800	(有)分鋼工務店	中庭のウッドデッキの一部が腐り穴が空いたので補修する	外構	227,275
190525	中庭雨水タンク清掃	0	DIY		DIY	
190525	北側雨水タンク清掃	0	DIY		DIY	
180612	エアコン機器 居間、食堂、寝室、2階 4台	770,000	阪神エアコン	ダイキン指定業者	空調機	
180420	電気設備の安全調査		関西電気保安協会	良好	電気設備	
180305	シロアリ防除	211,334	三共衛研	床下と外側基礎の白蟻点検と防除作	床下玄関等	981,334
180205	シロアリ点検	0		シロアリ生息、被害無し	床下、外回り等	
170817	寝室トイレ ノズル部分から水漏れ		阪和ホームサービス	修理不能の為、ウオッシュ機能停止	トイレ	0
161123	2Fベランダ木製フェンス塗替え	0	DIY	03年,09年に続き今回は3回目	DIY	
161122	塗装 キシデコール1缶(4L シルバーグレイ)	9,000	原崎氏から	DIY	外構	
161105	玄関前木製フェンス塗替え	0	DIY	03年,09年に続き今回は3回目	DIY	592,456
160512	給湯機取替	256,000	住まい工房集		給湯機	
		224,000			調理機器	
					調理機器	
					DIY	

我が家の維持管理(リフォーム　機器取替等)費用一覧

部位、項目	金額: 単位千円	%
屋根	23	0.4
玄関	192	3.4
外壁	1,485	26.1
リフォーム	560	9.8
内装	269	4.7
シロアリ点検防蟻	211	3.7
点検	30	0.5
DIY	15	0.3
小計　①	2,785	49.0
小計　②	2,904	51.0
総合計	5,689	100.0

部位、項目	金額: 単位千円	%
トイレ	279	4.9
浴室　洗面所	0	0.0
キッチン	171	3.0
調理機器	328	5.8
給湯機	256	4.5
エアコン	790	13.9
暖房機器　ガス式暖炉	89	1.0
照明機器	35	1.6
電気製品	152	2.7
家具	286	5.0
外構、造園工事	518	9.1
小計　②	2,904	51.0

必須工事　全体比　55.2%
　　　年平均：165,000円
　　　月平均：12,500円

20201231

住まいのマネージメント　家族全員参加

住育について

　建築の専門家以外は学校で学ぶことが少なく、専門情報、知識量が格段に少ないなかで住宅を借りたり、建築、購入し、後悔したり、トラブルに巻き込まれることも決して珍しくありません。残念なことですが、各自治体にある消費生活センターで建築、不動産のトラブル相談は常に上位です。情報、経験が多くあれば失敗も少なく次回に役立ちます。「情報」は満足度が高くなる大きな要素です。

　現代は情報社会、だれでも、どこでも、いつでもその気があれば、多くの情報を比較的容易に手に入れることが出来ます。近年はマスコミでも「住」が色々取り上げられますが、情報を「我が家のもの」にするには実践です。自らする自宅のお掃除や簡単なセルフ点検、親の考えなどを通じて住まいを学ぶ「住育」が大事で、「体験、発見」がある子供と一緒に住まいのお手入れを心がけたいものです。

　2020年のコロナ禍で家族が住宅にいる時間が増え、住まいを今まで以上に考えたご家庭も多かったと思います。子供部屋の整理整頓やトイレ掃除などからスタートし、夏休み春休みなどに家族で点検も　視線の位置が違うことで新発見もあります。

　家庭、学校、社会のすべてが「住育の場」ですが、家庭で行う住まいのマネージメントは「住育」の中でも大きな役割を持っています。子供は絵本が大好きで、家やまちをテーマにした絵本はたくさんあり、ぜひ子供と一緒に読みたいものです。

　小学校で学ぶ住まいは「お部屋の片づけやまちづくり」が中心ですが夏休みの課外学習や修学旅行で寺院や美術館等歴史を訪ねるのも住教育、地域社会の道路の清掃やお祭り、地蔵盆なども住育です。

　又、現代の住育は理科の分野に沢山みるこ

とが出来ます。

　地震を例にすると、牛乳パックで耐震性能を学び、地震の避難訓練の時に地震に強い建物と弱い建物を知り、どこにいる時に発生するかわからない地震こそ、繰り返しの訓練で学んだ避難行動が命を守ります。

　省エネは、暑い時寒い時の暮らし方やエアコンの使い方やフィルターのお掃除で学びます。建築の専門家は「住宅性能」の用語で説明されますが、子どもたちは皮膚感覚で省エネを感じています。

熱の感じ方の違いを知る

屋根の断熱を素材で知ろう！

ガラスを通して知る温度

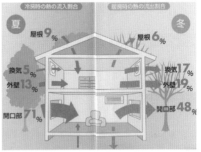

NPO 法人ひょうご新民家 21 より

　最近は各地に建材メーカのショールームや営業所があり、だれでも、いつでも入って商品を見ることもできますし、インターネット

を使うと居ながらにして情報を得ることが出来、最近では、オンラインでセミナーや現場見学会に参加出来ます。

　地域の工務店などが開催するキッチンのショールームや工事見学会なども盛んになっています。是非お気軽にご参加ください。

　住の専門教育以外に家庭で、教育現場で　社会で住まい・住宅について学べることは多く、くらしすべてが「住まい」に繋がっています。

　当ＮＰＯ法人は、仲間のNPO法人と山の伐採会や植林体験など様々なイベントを通じて住育を開催しています。

伐採見学

棟上げ体験

第6章

暮らし・住まいと
国の動き

住まい・建物と一番関係の深い国の機関は国土交通省（以下国交省）
です。国交省は、業者や建築士などの許認可や取り締まりの役割も
大きいですが、2006年「住生活基本法」が制定され、国民の住まい
にグーっと近くなりました。

　国の住宅政策は、暮らしに直結し、知っていると得することが多
くあります。

　国土交通省住宅局　＜ https://www.mlit.go.jp/jutakukentiku/ ＞

1 「住生活基本法」

　住生活基本法は2006年に施行され、おおむね5年毎に見直しが行
なわれ、下記が2021年3月19日閣議決定された概要です。

新たな住生活基本計画の概要（令和3年3月19日閣議決定）　🌏 国土交通省

住生活基本法 平成18年6月施行	現行の住生活基本計画（全国計画）【計画期間】平成28年度～37年度	おおむね5年毎に見直し	新たな住生活基本計画（全国計画）【計画期間】令和3年度～令和12年度

住生活をめぐる現状と課題

○**世帯の状況**
・子育て世帯数は減少。高齢者世帯数は増加しているが、今後は緩やかな増加となる見込みである。
・生活保護世帯や住宅扶助世帯数も増加傾向にある。

○**気候変動問題**
・IPCC（気候変動に関する政府間パネル）から「2050年前後に世界のCO₂排出量が正味ゼロであることが必要」との報告が公表。
・「2050年カーボンニュートラル、脱炭素社会の実現」を宣言し、対策が急務となっている。

○**住宅ストック**
・旧耐震基準や省エネルギー基準未達成の住宅ストックが多くを占めている。既存住宅流通は横ばいで推移している。
・居住目的のない空き家が増加を続ける中で、周辺に悪影響を及ぼす管理不全の空き家も増加している。

○**多様な住まい方、新しい住まい方**
・働き方改革やコロナ禍を契機として、新しいライフスタイルや多様な住まい方への関心が高まってきている。
・テレワーク等を活用した地方、郊外での居住、二地域居住など複数地域での住まいを実践する動きが本格化している。

○**新技術の活用、DXの進展等**
・5Gの整備や社会経済のDXが進展し、新しいサービスの提供や技術開発が進んでいる。
・住宅分野においても、コロナ禍を契機として、遠隔・非接触の顧客対応やデジタル化等、DXが急速に進展している。

○**災害と住まい**
・近年、自然災害が頻発・激甚化。あらゆる関係者の協働による流域治水の推進、防災・減災に向けた総合的な取組が進んでいる。
・住まいの選択にあたっては、災害時の安全性のほか、医療福祉施設等の整備や交通利便性等、周辺環境が重視されている。

○上記課題に対応するため、3つの視点から8つの目標を設定し、施策を総合的に推進

① 「社会環境の変化」の視点	② 「居住者・コミュニティ」の視点	③ 「住宅ストック・産業」の視点
目標1　新たな日常、DXの推進等 目標2　安全な住宅・住宅地の形成等	目標3　子どもを産み育てやすい住まい 目標4　高齢者等が安心して暮らせるコミュニティ等 目標5　セーフティネット機能の整備	目標6　住宅循環システムの構築等 目標7　空き家の管理・除却・利活用 目標8　住生活産業の発展

　新たな日常、子どもを産み育てやすい住まい、高齢者等が安心して暮らせるコミュニティ等、空き家の管理・除却・利活用等日常のマスコミなどで良く目にしたり耳にする言葉がかかれています。下記は概要のアドレスです。

https://www.mlit.go.jp/report/press/content/001392091.pdf

2　「住宅の品質確保の促進等に関する法律（品確法）」

　国交省は日本社会の変化に伴い、国民の住生活の充実のために様々な法律と取り組みをしていますが、代表的なものが「住宅の品質確保の促進等に関する法律　以下品確法」です。

　2000年4月、良質な既存住宅市場を目的に3本柱で構成の「住宅の品質確保の促進等に関する法律」が施行されました。
　①住宅の性能をわかりやすく表示する「住宅性能表示制度」
　②新築住宅の基本構造部分の瑕疵担保責任期間を「10年間義務化」
　③トラブルを防止と、迅速に解決するための「紛争処理体制」

　「良いものを建築し、適切な後維持管理をして、既存住宅市場で循環」する仕組みです。
　国土交通省住宅局監修の「長持ち住宅の手引き」で「長持ち住宅」のメリットは、①住居費負担が軽減　②住宅が資産になる③環境への負荷が低減など、住宅所有者に良いことばかりです。

　そのために　良質な住宅を建てる、点検や、リフォームをを行い、

既存住宅流通で長く住み継ぐことへの減税や補助事業を　実施しています。

　住まいるダイヤルでは、新築やリフォームのお困りごと相談などを行っています。

3　「長期優良住宅認定制度」

　2008年「耐震性能、省エネ性能、バリアフリー性能」の良い住宅建築を目的に、「長期優良住宅の普及の促進に関する法律」が施行されました。

　建築基準法の「耐震性能、省エネ性能、バリアフリー性能」を下限の基準とし、それより性能の高いものを等級2、3とし、性能等級を満たした住宅を「長期優良住宅として認定」しています。

　長期優良住宅認定住宅は、「建物引き渡し後30年間の書類の保存と定期点検（維持管理）が義務付け」られています。

　国交省は長期優良住宅の普及策として、2012 年から「地域型住宅ブランド化事業」、2015 年から「地域型住宅グリーン化事業」として補助事業を行っています。

　長期優良住宅認定制度がスタートして 10 数年が経ちました。既存住宅を購入の場合も、性能の基準や、維持管理の記録 (いえかるて) などを確認して、住宅に対する不安をなくして安心して購入しましょう。

4　「安心Ｒ住宅制度」

　これまでの既存住宅の「不安」「汚い」「わからない」といったマイナスイメージ無くして、「住みたい、買いたい既存住宅」が市場に出るように「安心Ｒ住宅制度」（特定既存住宅情報提供事業者団体登録制度）を国交省は 2017（平成 29）2 月 1 日施行しました。

　「安心Ｒ住宅」には、安心Ｒ住宅調査報告書がついています。

　物件の詳しい情報がわかり、購入判断の嬉しい材料です。

重要事項説明の時　説明項目のインスペクションも重要な情報です。

基本は第一次インスペクションですが、買主や仲介事業社の要望で第二次インスペクションや給排水設備の調査結果も求めることもでき、建物の情報が多いことは安心に繋がります。

「安心R住宅」について詳しいことは、不動産事業者、業者の登録不動産団体にご確認下さい。

特定既存住宅情報提供事業者団体登録制度
「安心R住宅」とは？

① 基礎的な品質があり「安心」

☑ 安心R住宅は、あらかじめ基礎的な品質への適合が確認されています。

・新耐震基準等に適合
・専門家の検査（インスペクション）の結果、構造上の不具合・雨漏りが認められない

柱　屋根　壁　開口部　基礎　外壁
（戸建住宅の場合）

② リフォーム工事の実施、または リフォームプランが付いていて「きれい」

☑ リフォーム工事※が実施されているか、リフォーム工事を実施していない場合は、費用情報を含むリフォームプランがついています。
☑ 外装、主な内装、水廻りの現況の写真を閲覧出来ます。

連携

仲介事業者等　　住宅リフォーム事業者

※登録事業者団体毎に定める「住宅リフォーム工事の実施判断の基準」に合致する必要があります。

③ 情報が開示されていて「わかりやすい」

☑ 今まで実施した点検や修繕の内容や、どんな保険・保証がつくのかがわかります。

・耐震性　・検査基準の適合　・工事の実施状況
・共有部分の管理（共同住宅等）・建設時の状況
・当該住宅に関する書類の保存状況等
・保険又は保証に係る情報　　　など

仲介事業者等

（広告時に情報の有無を開示）
（商談時に詳細情報を開示）

※「安心R住宅調査報告書」の様式は、登録事業者団体ごとに異なる場合があります。

5　住宅履歴情報「いえかるて」

　建物の建築時の建築確認申請書や図面、各種保証書等から住まいのマネージメント：維持管理で出来る図面や報告書の保管と活用如何されていますか？

　家・建物の記録を住宅履歴情報・いえかるてと呼び、その家の大事な資料です。

　ダイエットの方法のなかで有効な方法に「食事の記録」「体重の記録」があります。

　「記録を付ける」→「記録を目にする」→「視覚化情報で、ヤル気が起きる」→「行動を起こす(食事に気を付ける、運動の継続)」の「好循環」を生みます。

　暮らしで「記録」が役立つ代表は「家計簿」です。「お薬手帳」も複数の医院による投薬の管理で公的には医療費削減、個人的には飲み合わせの事故防止です。

　いえかるても同じで、記録が色々な効果を生みます。その第一は愛着と住み応えです。

　今後は住宅市場で活用されます。

入居時の「記録」はあるが、入居以降の「記録」は……

　土地や建物の権利書は大事に保管し、保管場所も記憶ですが、図面や補修・修繕・リフォームなどの記録も重要な資料です。

　どのようにされていますか？

　新築時の図面や完了検査証等の書類、中古住宅購入は、間取図、重要事項説明書や権利証等の書類を受け取り、「重要な財産の書類」として大切に保管しましょう。

　その後の補修・修繕、リフォーム、点検結果の書面などの報告は如何でしょうか？

　多くが業者から口頭で伝えられる事が多い為、領収書以外の書類がない、どこにあるかわからない方も多いとお聞きします。

　一生に1、2度の大きな買い物の住まいの安全快適に暮らすために日常の清掃に始まる住まいのマネージメント（リフォームや修繕）の記録は　21世紀の住宅市場では重要な情報となります。

　大切な記録を国は「住宅履歴情報・いえかるて」と名前を付け、安心安全な住まいづくりの・まちづくりに活用していきます。

いえかるて　チェック項目

☐	①　事業者から図面等「住まい・家」の書類を受け取られましたか？
☐	②「住まい・家」のリフォームや修繕を実施した時、事業者から口頭説明とともに点検や工事内容が分かる書面（記録）を受け取りましたか？
☐	③「住まい・家」の修繕やリフォーム等の「書面記録」は、一括保管して、直ぐに手元で見ることが出来ますか？

住まいの「記録」＝「住宅履歴情報：いえかるて」は、未来への投資！

国の施策、支援を受け、住宅流通市場に広がりつつある「住宅履歴情報：いえかるて」は、未来への投資です。

「いえかるて」の情報が多い住宅は、維持管理が繰り返し行われ、安全で快適な住宅の証です。

既存住宅の価値は、築年数ではなくどのような維持管理されたのかが評価の基準になることが当たり前になる日が一日も早いことを願っています。

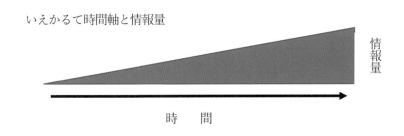

いえかるて時間軸と情報量

情報量

時　　間

トピックス：「住まいの記録」の歴史を見てみましょう。

住まいの記録はこれまでは事業者が作成して　事業のながで活用していましたが、人生100年時代のこれからは「住まい手も住まいづくりに参加し、記録（いえかるて）を残し、活用する」ようになります。少し振り返り　ご自宅の記録を作りましょう。

棟梁が建てた住宅の記録

戦前に建てられた建物を解体すると、棟木に打ち付けられた「棟札（むなふだ）」といわれるものや、墨で直接、名前が書かれた棟木があります。建築時や大規模な修築時の記録として、築年数や棟梁・大工などの名前を書き、棟木などの高い所に取り付けられたり、棟木に直接書かれたりしたものです。後世に誇る仕事をされた棟梁・大工の職人魂を感じます。

住宅事業者が建築の住宅の記録

　1970 年代以降、ハウスメーカや地元工務店の住宅づくりも随分工業化され、これらの会社では、顧客毎の建築時の図面や仕様書をファイルにまとめて「お客様情報」として保管活用しています。

人生 100 年時代の住宅の記録「住宅履歴情報：いえかるて」

　住み継ぐ時代は、新築工事の図面等の情報を作成する業者だけでなく、点検やリフォームなどのすまいのマネージメント：維持管理に関わる住宅所有者も記録を作り、保管し、次の世代にバトンタッチしましょう。国土交通省は、建物も情報も社会で共有し活用する仕組み「いえかるて」を推進、応援しています。

　「いえかるて」のある住宅は、良質な住宅の目安になり、長期優良住宅認定制度や安心 R 住宅制度で活用されています。

　国交省は「住宅履歴情報」の愛称を「いえかるて」と決め、2010年に普及団体「一般社団法人住宅履歴情報蓄積・活用推進協議会（以下、協議会）」を設立、共通ルールに基づいて「住宅履歴情報：いえかるて」の蓄積・活用を推進する「住宅履歴情報サービス機関（以下、情報サービス機関）」と連携していえかるての蓄積と活用を推進しています。

●一般社団法人住宅履歴情報蓄積・活用推進協議会
　http://www.iekarute.or.jp/
　情報サービス機関は各々独自のサービスを提供しています。
　履歴協ホームページ：会員名簿からご覧ください。
　http://www.iekarute.or.jp/member

「いえかるて」は多くの特徴があります。

①いつ、どのような補修や工事をしたのかが確認できます。

②劣化状況や、補修・リフォーム等の状況、費用が前回との比較・検討ができ、我が家だけの確実な参考資料になります。

③住まいの「維持管理」の好循環に繋がります。

④いえかるては、世代、業界を超えて引き継ぎ、活用出来ます！

⑤幅広い市場や時代を超えて活用のために、いえかるて情報専門機関「情報サービス機関」活用

一般社団法人住宅履歴情報蓄積・活用推進協議会　発行のパンフレット　抜粋

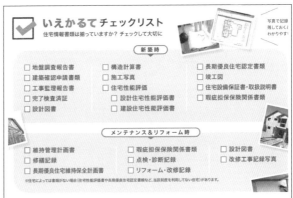

維持管理サポート具体事例
一般社団法人住宅長期支援センター

いえかるて活用の「住まいのマネージメント（維持管理）支援」
三者連携で住まいのお手入れ安心

　一般社団法人住宅長期支援センター（以下一社センター）は、住宅履歴情報をキーワードに長年　住宅所有者様の維持管理をサポートしているこの分野のパイオニアで、先にご案内の履歴協の正会員です。

　住まいの維持管理は専門性が高く、長期間にわたるため事業者との連携で　住宅所有者の伴走者として住まいのマネージメント（維持管理）をサポートしています。

登録住宅いえかるて　蓄積と活用　模式図

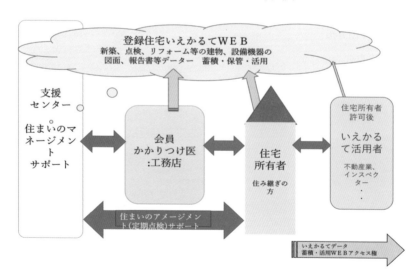

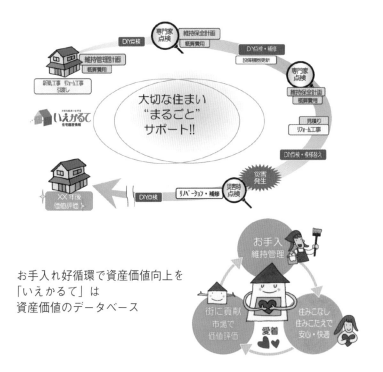

お手入れ好循環で資産価値向上を
「いえかるて」は
資産価値のデータベース

当支援センター住まいのマネージメント（維持管理）

　住まいのマネージメント支援の大きな特徴は、新築引き渡しから15年間、点検時期のご案内を中心にしたアフターメンテナンスのサポートです。

　新築後2,3年施工事業者は、雨漏りなど見えない不具合、契約不履行などの観点で点検訪問します。5年過ぎると間隔も開き、いつしか疎遠になりがちです。

　点検ハガキの点検時期のお知らせが、住宅所有者と会員工務店の絆を

点検ハガキ

点検案内ハガキ見本

**住まいの健康管理
定期点検のご案内**

5年目点検

邸　　　名　：登録 太郎 様邸
サポート開始日：2015 年＊＊月＊＊日
貴邸 住 宅 ID：20＊＊＊＊＊＊＊＊＊
点検登録店：＊＊＊＊＊工務店
電 話 番 号：06-＊＊＊-＊＊＊＊

点検登録店様から点検実施日等の連絡が入ります。
調整の上、点検を受けてください。
点検結果やお手入れ、リフォーム等の記録は、
「登録住宅いえかるてWEB」に蓄積して、
住まいの健康管理の資料としてご活用ください。
http://www. toroku-jutaku. net/　→

住まいの健康管理メールマガジンを配信中！

登録住宅いえかるてWEB（上記QRコード）
より、貴方のメールアドレスを「登録ください！
または、センターへ「メルマガ希望」と、メール
をお送りください。(info@hoieor.io)

結び、「頼りになる　かかりつけ医：工務店」として住宅所有者に喜んで頂いています。

　センターからの月一回送信の維持管理トピックスメールマガジンも好評です。

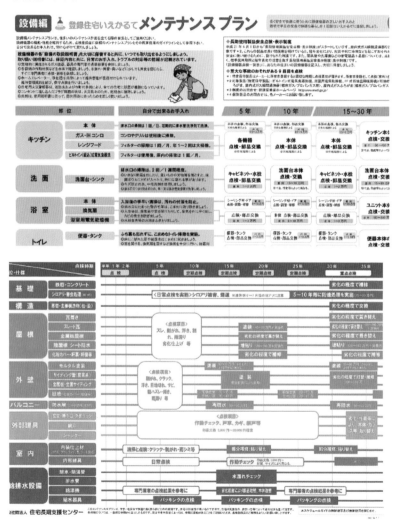

住宅メンテナンス診断　床下編点検のみ実施

　当センターは住まいのマネージメントを担う「住宅メンテナンス診断士」の育成と診断士による点検を推進しています。

　住宅所有者から多く寄せられる「安心して頼める床下診断」の「2020年度　住宅メンテナンス診断＜床下編＞事業」を実施しました。

　これまで「診断とその後の工事は一体化した契約」が一般的で、時にはトラブルに発展することもあり、悪質事業者の標的にもなっていました。

　センターでは「診断」を単独契約で実施し、その診断報告書で駆除工事や防蟻工事を検討　契約することが出来ます。

　シロアリの発生を見て業者を探すと緊急事態対応で業者選択や費用検討の時間がありません。定期点検をお勧めします。

情報提供：

　一般社団法人　住宅長期支援センター

　　URL：https://www.holsc.or.jp/

（一社）センター
ホームページ

登録住宅いえかるて

    URL：https://www.toroku-jutaku.net/

登録住宅いえかるて
ホームページ

住宅メンテナンス診断＜床下編＞

    URL：https://yukashita.holsc.or.jp/

住宅メンテナンス診断
＜床下編＞
ホームページ

第7章
住まいに関わるイベント

家族のお祝い事は、結婚式、お宮参り、お誕生日、七五三のお参り、成人式など様々な機会にお祝し、時に寺院にお参りに行きます。これらは本人の成長にも、家族の暮しにも彩を備え、絆も深まります。

　「住まい」の代表的なものが新築時の「地鎮祭と上棟式」です。

　昔は親戚近所の協力で造られた「家」が今では住宅産業となり、造るというより「購入」意識が強くなりましたが、住まいは一家にとって多くの業者が関わる一大事業です。ケガや事故なく素晴らしい家が出来ることを願って、工務店が建てる場合はおおむね100%近く「地鎮祭と上棟式」は実施され、施主 (建築主) アンケート調査でも「実施して良かったが80%、普通が20%」と、皆様満足されています。

　住まいを大事にするためにも、住まいのイベントを大事にしたいものです。

1　地鎮祭

　古来より感謝と工事の安全祈願して「地鎮祭」が行われます。今もビルなどの建築にも地鎮祭が行われています。

　住宅の場合は、氏神様の神社にお願いしたり、方違え神社などで砂やお札を頂き関係者だけでするなど方法は様々です。

　関西で有名なのが方除の大社京都市伏見区の「城南宮」です。

城南宮の地鎮祭グッズ

　古来日本人は、土地にはその土地の神が宿り、建物にはその建物の守り神がお住いと信じられお祀りしてきました。城南宮は、方除の神様で、建築工事が安全であるように、又引越も無事なようにお守り頂き霊験あらたかと全国からお参りが

絶えません。

　新築や大きな増築の地鎮祭には「清
めの砂、方除御札、鎮め物、上棟神札
の４点を用いてお祀りします。我が家
は近くの神社の神主様にお祓い頂きま
した。

京都　城南宮

戸建住宅の地鎮祭

2　棟上げ（上棟）式

　軸軸組工法では大黒柱が建って、屋根が出
来た段階で行われる行事です。

　昔は吉日を選んで行われましたが、今は施
主の在宅スケジュールに合わせて実施される
方が多いいです。

　小屋裏の普段見えない大黒柱上部に、やは
り神社から頂いたお札や御幣を飾り、関係者
一同が祈り、この後、直会で施主と工事関係
者一同で食事を頂きますが、直会を縮小した

り簡素にすることが多くなりました。

　このお札はこの家が解体される時か、大規模リフォームの時にしか再び見ることが出来ませんが、小屋裏でしっかり家と家族を見守っています。

　古民家を大規模リフォームされる場合には御幣等は、一旦仮置き後、リフォーム後元の位置に再び置かれ、人の目に触れるのは数十年後です。

京都　千本釈迦堂のおかめさん

　京都市北区の北野天満宮の近くにある千本釈迦堂は、国宝の木造本堂があり、毎年12月8日に参拝者の健康を祈ってふるまわれる「大根炊き」で有名ですが、建築関係の方には「おかめさん」でよく知られています。

　「昔、千本釈迦堂の新築工事を請け負った腕利き大工の長井飛騨守高次が重要な柱の寸法を間違えて短く切り過ぎた際、妻のおかめが枡組で補えば良いと助言して、窮地を救いながらも「専門家でもない女性の知恵で棟梁が大仕事を成し遂げたと言われては夫の恥」と上棟式を迎える前に自害しました。愛妻「おかめ」の物語が伝わる、全国のおかめ信仰の発祥となっています。

　これに由来して、京都を中心とした関西では上棟式におかめさん

の面を御幣と一緒に飾ります。エピソードを知るとおかめさんのふくよかなお面に現代人には難しいですが、やさしさの中に強い心情を感じます。

　おかめさんと言うとお面で有名な「おかめ　ひょっとこ」がありますが、こちらは神楽の道化で、古来から福福しい女性は災厄の魔除けや厄払いに効くと言われ家庭円満の神様です。

　近年、大規模リフォーム、いわゆる「イノベーション」が増え、新築に匹敵する大工事と費用のリノベーションで上棟式を行うことも増えてきました。

　当ＮＰＯ法人の上棟式、地鎮祭アンケートで100％して良かったとお答え頂いています。

　地鎮祭も上棟式もやり方次第で1万円〜数万円です。いえづくりの「安全祈願とこころのゆとり、思い出」として実施されることをお勧めします。

第8章

資料編

1 用語集

　建築や不動産業界は、普段使わない言葉が良く使われます。業界人は気を付けているのですが、業界の方とお話しして聞きなれないわからない言葉が出来てきたら、ご質問下さい。

　下記は住まいのマネージメント（維持管理）によく出て来る言葉、用語です。

DIY

　セルフとも言い、生活者や所有者自身がすることで、DIY点検などと言います。コロナ禍で暮らしに時間を使う方が増え、盛んになっています。新築工事などで費用軽減を目的に一部分されることもあります。

　又、賃貸住宅でも「自分らしく住みたい」とＤＩＹが出来る住宅が増えています。

腐朽菌

　木材の腐朽菌の発生する環境は以下の通りです。この環境で①と④は取り除くことはできないので、対策は②と③です。

①空気：空気中の酸素は腐朽菌が生きていくのに必須です。

②水分：含水率25％以上。新築やリフォームの時の木材は乾燥材を使いましょう。

　空気中の湿度が80％以上長期間続いたり、結露でぬれていると要注意です。

③温度：30℃前後が一番元気に発育します。

④栄養素：木材に含まれるセルロース等を分解して栄養素にします。

⑤雨漏り箇所、窓周り、土台、水回りは腐朽菌の被害にあう可能性があります。

　特に雨漏りは、気が付いたらすぐに専門家に依頼して直しましょう。少しの雨漏だからと放置しておくと大変です。

シロアリ

　シロアリは　多くの地中に生育し、倒木などを食しています。建物があると光と風を避けて暗いところに移動して湿度のある木材をエサにし、建物に悪影響を及ぼします。光や風のない床下や玄関框下、据置式靴箱の下などは好むところです。

　最近増えている空き部屋空き家で被害が良く見られます。

　例年連休明け位からシロアリの動きが活発になりますが、最近は地球温暖化と冬暖かい家が多いので、シロアリの動きが早いです。注意しましょう。

　シロアリ対策は、①シロアリ調査、②シロアリ駆除、③シロアリ防蟻工事の三段階です。

　①の調査で被害が無い場合は、③の工事となります。

結露

　冷たい液体を入れるとコップの外側に水滴が出来ます。これが結露です。

　暖かい空気が冷たい面にあたると空気中の水蒸気が水滴になるのが結露です。

　部屋間の温度差が大きくあったり、換気が十分でないと、北側の窓ガラスや、タンスの裏に出来、量が多いと水滴となって流れ、カビが生えたりシミになったりします。結露対策は、室内温度の均一化と換気、水蒸気の出る暖房機を使わないことです。水蒸気は目に見えない隙間からも壁の中に入るので、気を付けましょう。

省エネ

　災害の規模が大きくなり地球温暖化を実感する今日です。すこしでも CO_2 を出さないで快適に住む石化エネルギーを使わない、少なくて効果が高い住宅が求められ、省エネ住宅と呼ばれています。

　省エネ技術は多様ですが、国土交通省は　ZEH 住宅やゼロエネ住宅、低炭素住宅等の名称で普及を図っています。

　一方、居住者に負担がかからない冬暖かく夏涼しい住宅である高気密高断熱住宅は、シックハウス的な観点から 24 時間計画換気機器の設置が義務付けられています。

　2020 年世界的に広がった新型コロナウィルスの時も「換気」対策を強く言われました。

2　住宅に関わる法令等施行日と関連項目

西暦	元号	月	項　　目
1950	昭和 25 年	11 月	建築基準法施行
1966	昭和 41 年	6 月	住宅建設計画法（住宅建設 5 か年計画）開始　8 期 40 年間　2006 年廃止
1981	昭和 56 年	6 月	建築基準法改訂　耐震基準を新耐震と表現
1995	平成 7 年	1 月	阪神淡路大震災　発生
		7 月	地方公共団体等における住情報提供施策の推進
2000	平成 12 年	4 月	国交省　品確法：住宅の品質確保の促進等に関する法律
		6 月	国交省　建築基準法改訂　耐震基準を最新耐震と表現
		11 月	（一社）住宅リフォーム推進協議会　設立
2001	平成 13 年	12 月	ＮＰＯ法人住宅長期保証支援センター　設立活動開始
2003	平成 15 年	7 月	国交省　改訂建築基準法　シックハウス対策
2006	平成 18 年	1 月	国交省改正耐震改修促進法（建築物の耐震診断義務等）
		6 月	国交省　住生活基本法の公布・施行　5 年毎計画改定
2007	平成 19 年	10 月	国交省指導の住宅履歴情報整備検討委員会スタート
2008	平成 20 年	12 月	国交省　長期優良住宅の普及の促進に関する法律　公布
2009	平成 21 年	4 月	国交省　改正省エネルギー基準　トップランナー基準創設
		4 月	国交省　地域型住宅ブランド化事業スタート長期優良住宅促進
		6 月	国交省「長期優良住宅の普及の促進に関する法律」施行
		10 月	国交省　住宅瑕疵担保履行法の施行　新築住宅の瑕疵保険の義務化
2010	平成 22 年	6 月	（一社）住宅履歴情報蓄積・活用推進協議会設立　いえかるて共通ＩＤ付与スタート
			国交省　中古住宅の瑕疵担保責任保険（任意）の開始

2011	平成 23 年	3 月	国交省　住生活基本計画（全国計画）決定　5年毎に計画を改訂
			東日本大震災　発生
2013	平成 25 年	5 月	国交省　中古住宅流通活性化事業
		7 月	国交省　既存住宅インスペクションガイドライン　発表
2015	平成 27 年	5 月	国交省　空き家対策の推進に関する特別措置法（空き家措置法）施行
			国交省　地域型住宅グリーン化事業（長寿命型＋ゼロエネ住宅＋低炭素）
2016	平成 28 年	3 月	国交省　新たな住生活基本計画（全国計画）　閣議決定
		5 月	国交省　地域型住宅グリーン化事業（長寿命型＋ゼロエネ住宅＋低炭素＋性能向上）　2021 年事業実施
2017	平成 29 年	5 月	国交省　建築防災協会「木造住宅耐震性能チェック（暫定版）」を作成　発表
		6 月	国交省　住宅ストック維持・向上促進事業（履歴活用等で既存住宅価値向上）
		11 月	国交省　安心 R 住宅制度団体登録開始
2018	平成 30 年	4 月	国交省　宅地建物取引業の一部を改正する法律施行
			国交省　安心 R 住宅制度　事業スタート
2019	令和元年		国交省等　空き家に関係する権利関係、活用にむけて　法整備の動きが活発になる
2020	令和 2 年	4 月	国交省等　民法改正施行　（瑕疵の概念が「契約不履行」となり、契約不適合責任）
		12 月	国交省　グリーン住宅ポイント制度の開始
2021	令和 3 年	3 月	国交省　新たな住生活基本計画　発表
		4 月	国交省　省エネ基準　重要事項説明に義務づけ

3　我が家の住まいの相談問い合わせ先一覧表

　いざと言うとき直ぐ連絡が出来るように一覧表にして、住まいの維持管理資料としてご準備下さい。

項　目	会社名・担当者名	電話（携帯）	住所など
施工会社			
住宅瑕疵保険会社			
水周り配管			
給湯機器			
水漏れトイレ詰まり他			
調理機器			
その他：太陽光発電			
ガス会社			
電気関係会社			
エアコン			
シロアリ			
玄関　鍵			
ガラス関係			
住いの相談			
国交省所管 （トラブル、見積もり）	住まいるダイヤル		
お手入れ、業者相談	（一社）住宅長期支援センター	06-6941-8336	
自治体住宅相談	** 市		
クーリングオフ等のトラブル相談	** 市消費生活センター		

注意点　・馴染みの業者に依頼する場合も、費用は確認して契約しましょう！
　　　　・折込みチラシなどで出会ったた業者と自宅で契約すると「クーリングオフ対象」になります。
　　　　・しっかり内容を聞き、納得後に契約を交わしましょう。
　　　　・工事途中の変更対応も書面でかわしまし、トラブル防止に努めましょう！

執筆者

　鈴森　素子　（ＮＰＯ法人 住宅長期保証支援センター　理事長）

　　　　　　　　（一社）既存住宅・空家プロデュース協会副代表理事）

　足永　和子　（二級建築士　インテリアプランナー）

　居藏　宏幸　（一級建築施工管理技士）

　吉川　美保子　（ＮＰＯ法人 住宅長期保証支援センター　理事）

協力

　原崎　保彦　（一級建築士）

　山本　由美子　（イラストレーター）

　小倉　美江　（一社）住宅長期支援センター）

　資料提供　（一社）住まい評価推進機構

NPO 法人住宅長期保証支援センター

　URL：http://www.hws.or.jp/

　E-mail: info@hws.or.jp

NPO 法人
住宅長期保証支援センター

住まいの相談活動は下記で実施しています。

下記をご記入の上、メールでお問合せ下さい。

1、お名前　2、 ご相談者の都道府県　3、電話番号

4、ご相談

　内容：①　新築、 ②　リフォーム、 ③　不具合（部位）

　　　　④　空き家（維持管理）権利関係　活用、

　　　　⑤　その他

我が家の価値向上
住まいのマネージメント

2021 年 6 月 25 日　初版発行
著　　者　鈴森　素子
監　　修　NPO法人住宅長期保証支援センター
発 行 人　大西　強司
制　　作　株式会社かもす　三島俊介
編集・装丁　加賀美康彦
営業担当　大西　邦高
発 行 元　とりい書房
　　　　　〒 164-0013　東京都中野区弥生町 2-13-9
　　　　　TEL 03-5351-5990　FAX 03-5351-5991
　　　　　http://www.toriishobo.co.jp
印　　刷　シナノ印刷株式会社